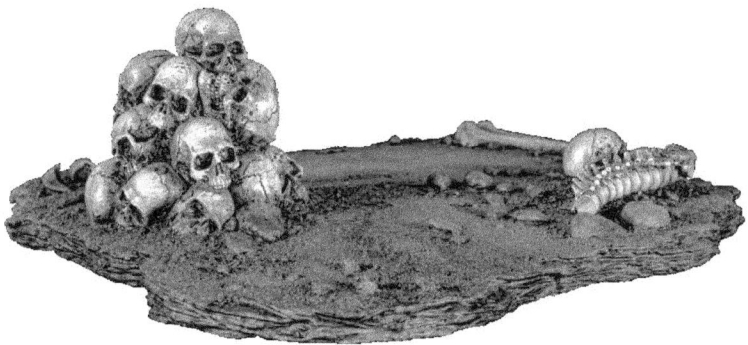

TORREBONICA

EL APEADERO DE LA MUERTE

TORREBONICA

Miguel Ángel Segura

www.miguelangelsegura.com

Primera edición: Mayo 2018.

©Miguel Ángel Segura.
©Todos los derechos de edición reservados.

©Editorial Segurama.
www.editorialdelibros.es
Colección: Misterio.
Maquetación: ©Miguel Ángel Segura.
Diseño de cubierta: ©Miguel Ángel Segura.

ISBN: 978-84-948358-8-9
IMPRESIÓN: Safekat.

IMPRESO EN ESPAÑA

DEDICATORIA

Quiero dedicar este libro a todas las personas que perdieron la vida en el apeadero de Torrebonica y su entorno.

Que Dios os tenga en Su gloria.

AGRADECIMIENTOS

Quiero aprovechar este apartado del libro para dar mi gratitud más sincera a varias personas.

Gracias a Tevafilms, por el documental que grabamos conjuntamente donde tuve la oportunidad de entrevistar a personas que han sido claves para el transcurso de mi documentación.

Recuerdo con mucho cariño aquellos meses de duro trabajo realizando documentales por algunos de los lugares con más misterio de Cataluña. Fueron momentos únicos.

¡Gracias por todo!

Gracias a Teresa Porqueras, Josep Guijarro, Sebastià D´Arbó, Toni Blanch, Toni García y tantas y tantas personas que me habéis concedido entrevistas o habéis acudido conmigo a investigar. Es imposible nombraros a todos, espero que lo entendáis, sois decenas y decenas de amigos los que me habéis nutrido con vuestra compañía, experiencia y profesionalidad. ¡Un millón de gracias a todos!

NOTA DEL AUTOR

El libro contiene dos partes; la primera recoge la investigación documental que he llevado a cado sobre el caso de los suicidas de Terrassa, y la segunda parte es una novela inspirada en el viejo apeadero.

BREVE INTRODUCCIÓN

El apeadero de Torrebonica, es sin duda uno de los lugares más populares que existen en el mundo si nos referimos al misterio y, concretamente a la ufología. Esto es debido sobre todo al hecho ocurrido en junio de 1.972, cuando dos personas —supuestamente— se suicidaron para dejar este mundo y que sus espíritus pudieran viajar a Júpiter con los extraterrestres.

El caso de los suicidas de Terrassa no queda claro y existen muchas controversias con respecto a la versión oficial, la cual cerró el caso como un simple suicidio.

Mi interés por este asunto me llevó a indagar en el tema, y para ello me entrevisté con varias personas, esperando conocer en profundidad este asunto. Además, los rumores sobre fenómenos paranormales también están presente e, incluso, otras muertes vinculadas al lugar, tanto en las vías del tren como en la zona boscosa que lo rodea.

Pasé largas jornadas investigando sobre el terreno y realizando todo tipo de experiencias paranormales en busca de obtener respuestas. Los resultados fueron sorprendentes y, a día de hoy puedo decir que mi experiencia me dicta que, efectivamente, en este apeadero se puede llegar a registrar actividad paranormal. Eso sí, no es algo que suceda de una forma constante y visible para todos. Tenemos que grabar psicofonías, realizar sesiones de ouija o utilizar aparatos tecnológicos para poder detectar dicha actividad.

PARTE 1

LOS SUICIDAS DE TERRASSA

LOS SUICIDAS DE TERRASSA

En el año 1.972, concretamente el 20 de junio, comienza a forjarse una historia negra que en la actualidad asola a este misterioso apeadero. Ese mismo día, a las 5:30h., aparecieron dos cuerpos decapitados en la vía del tren. Las víctimas eran los ufólogos Juan Turu Vallés y José Félix Rodríguez Montero. Este terrible suceso —sin esclarecer del todo a día de hoy— dio paso a que en el lugar se fuesen produciendo otras muertes extrañas, dando paso a que este tramo de vía se apodara como «El apeadero de la muerte».

Son varios los periodistas e investigadores que coinciden a la hora de afirmar que posible no se trató de un suicidio, como asegura la versión oficial. Según sus pesquisas, es muy probable que detrás de este escabroso hecho hubiese involucradas terceras personas. Hay quien habla incluso de una supuesta secta y de una conferencia previa llevada a cabo en Sabadell, la cual pudo marcar parte de esta historia.

Decidí entrevistarme con algunas personas que podían esclarecer todo esto. Con el primero que hablé fue con Josep Guijarro, quien para mí es el periodista que mejor conoce la historia debido a su profunda investigación.

Quedé con Josep en Torrebonica, donde me explicó cosas sorprendentes. Momentos previos a dicha entrevista no era consciente de la magnitud de los hechos que Josep iba a contarme. Fue realmente sorprendente...

—¿Qué introducción harías sobre Torrebonica, Josep?

—Nos encontramos en uno de los lugares que ha ocupado seguramente más atención, por mi actividad investigativa, dentro del mundo de la ufología. El apeadero de Torrebonica tiene una relación trágica con el mundo de la ufología. Digamos que se ha podido escribir casi un libro negro de los ovnis, en el sentido de que en 1.972, aquí se encontraron los cuerpos sin vida de dos personas —ciudadanos de Terrassa— con una extraña nota sujeta en su pecho, que decía: «Los extraterrestres nos llaman»; y que abre uno de los episodios más serios, truculentos y, posiblemente de contacto real, de dos personas, una con 47 años (José Félix Rodríguez Montero) y otra con 21 (Juan Turu Vallés).

—¿Quién era José Félix Rodríguez Montero?

—Félix Rodríguez Montero, era un hombre de profundas inquietudes, nacido en Sevilla. Se vino a trabajar como Agente de Comercio a Terrassa y desarrolló una vida, digamos… muy intensa en lo que tiene que ver con los fenómenos paranormales en general. Él estuvo asistiendo al conocido Papa Clemente, del Palmar de Troya, en algunos de sus trances. Participó activamente en los grupos de tertulia y de contacto del fenómeno UNMO que, como sabes es ese fenómeno que asegura que existiría un planeta orbitando alrededor de la estrella «Wolf 424», que tendría vida y que habrían llegado a la Tierra en los años cincuenta.

Poco a poco Félix fue desarrollando una serie de capacidades *especiales*. Él era apodado con el sobrenombre de «El Venusino», y llegó a dar cierto miedo a las personas de su entorno. Tenía una personalidad muy magnética, y esto fue lo que posiblemente llamó la atención de Juan Turu Vallés, nuestro segundo protagonista.

—¿Quién era Juan Turu Vallés?

—Nació en Terrassa y trabajaba en una oficina de una industria textil. Era una persona normal, de grandes inquietudes, pero en un sentido totalmente contrario al que lo podía ser José Félix Rodríguez Montero. Si el primero era protagonista de los incidentes, en el caso de Juan Turu, era una persona investigadora. Él había formado parte del Centro de Estudios Interplanetarios y había protagonizado algunas investigaciones como por ejemplo en la zona de Tivissa, en Tarragona. Y a mi juicio, lo que le interesó de El Venusino era su capacidad, su magnetismo y su historia de contacto. Esto le llevó en primer lugar a conocerle personalmente, a vivir experiencias etéreas o espirituales, si uno quiere llamarlas así, y finalmente a protagonizar algún que otro encuentro a escasos metros de donde nos encontramos. Hay una serie de fotografías que ellos obtuvieron a finales de la década de los sesenta y principios de los setenta... y, con el fatídico desenlace el 19 de junio de 1.972, aquí en el apeadero, poniendo fin a sus vidas.

—Existen muchos rumores sobre Juan y Félix, ¿qué hay de cierto en ello?, porque incluso hay quien los ha catalogado como locos.

—Se ha dicho de ambos que podían ser fanáticos de los ovnis, incluso en la película «Platillos Volantes», que dirigió Óscar Aibar, se abunda en la idea de dos locos por el mundo de la ufología. Pero esto no era así. Las personas que les conocieron y su entorno más cercano han hablado de dos personas muy normales. Tal vez no tanto en el caso de José Félix Rodríguez Montero, por la naturaleza de sus experiencias, pero sí en el caso de Juan Turu Vallés; tenía novia, estaba a punto de casarse, tenía su empleo fijo y como una afición, como cualquier otra persona, le interesaba profundizar en el tema de los ovnis, los objetos espaciales, la astronomía y la vida en el Universo, como la puede tener cualquier hijo de vecino.

—¿Se sabe si hubo testigos del truculento suceso?

—Siempre ha sido una estación solitaria… A escasos cien metros hay una pequeña casa del guardagujas que, estaba ese día en casa, pero que no vio ni oyó nada…

—¿Sabemos qué pudo suceder?

—Ellos se colocaron a esperar. Tenían el convencimiento de que este era el lugar porque previamente, a unos metros en dirección a Sabadell, hay varias fotografías que ellos obtuvieron de objetos... Y se sentaron a esperar. Sabemos por la autopsia que José Félix Rodríguez Montero había guardado ayuno, con lo cual se había preparado espiritualmente para eso que él creía un contacto con los seres extraterrestres. Juan Turu Vallés, como investigador no había guardado ayuno, estaba vigilando... esperando.

Sabemos que en la mano derecha de José Félix había algodón blanco, que pudo servir para narcotizar a Juan Turu Vallés... Depositó el cuerpo de Juan Turu en la vía, poniendo una nota en su pecho que decía: «Los extraterrestres nos llaman». Recolocó la mano en el pecho y situó la otra en saludo cósmico. Él se situó al lado y esperó a que el primer tren —a las cinco y media de la mañana— pasara por estas vías y rompiera sus cabezas.

Y como le decía a su esposa en una carta que no ha visto la luz: «Cuando mi cuerpo esté partido, pon en mi honor el Himno de la Alegría». ¡Es muy fuerte!

—¿Has podido hablar con familiares de Juan y Félix o personas que investigaran en su día este terrible suceso?

—He tenido la oportunidad de hablar con casi la totalidad de los protagonistas de la historia. Tal vez de los que más me llamaron la atención fue, Amadeo Romanos, que es uno de los miembros de la Sociedad Española de Amigos del Cosmos... una de las muchas asociaciones de amigos del cosmos, que estaba en Zaragoza, y fue uno de los que recibió las cartas póstumas. Me llamó mucho la atención porque este hombre apenas quería hablar, decía no recordar prácticamente nada y, por un azar del destino —se produjeron muchas sincronicidades a lo largo de la investigación—, en Sabadell di con un investigador que había reunido cajas y cajas de material sobre objetos no identificados, y me dijo: «voy a tirar todo este material, si te apetece échale un vistazo y llévate lo que quieras». A la tercera carpeta que agarro tenía en la tapa las letras TRS, que era acrónimo de Terrassa, y me llamó la atención... abrí la carpeta y lo primero que encontré fue un carnet de socio con la foto de Juan Turu Vallés, de la Sociedad Española de Amigos del Cosmos, de Zaragoza. Con ese material, de ese hombre que negaba tener cualquier relación con el caso y no haberlos conocido a ellos... y me encuentro con una prueba palpable de que forma parte de la agrupación, viajé a Zaragoza y me volví a entrevistar con él. Fue como una especie de interrogatorio judicial, en el que ves cómo un testigo se te derrumba y ante una evidencia que le incrimina te empieza a decir que no quiere tener ningún problema judicial por esto, y empieza a hablar y hablar y hablar... y abrir una nueva fuente de investigación que a mí me hace cambiar la opinión de que en este lugar se produjo un suicidio, para pensar que se produjo... algo más. No voy a decir asesinato como creen los familiares, porque ellos vinieron aquí de voluntad propia, caminaron por estas vías unos pasos hasta encontrar el lugar que deseaban... pero digamos que aquí hubo una inducción al suicidio. Y esta sería jurídicamente la situación en la que nos encontramos.

—¿Crees que no se profundizó en la investigación por parte de los estamentos competentes?

—Hubo una mano negra que no quiso que se profundizara en el caso de los suicidas de Terrassa. Casi me atrevería incluso a decir que hubo una doble mano negra; la del Estado, que ya mencioné en cuanto a los intereses político-sociales y que podían utilizar esto como un instrumento de adoctrinación para el pueblo en general, pero después hay una mano negra de miedo de aquellos que tuvieron relación con los suicidas, y trataré de explicarme muy brevemente... Juan y Félix, pocas horas antes de ese fatídico 19 de junio, envían unas cartas a la Organización de las Naciones

Unidas (ONU), a Marius Lleget —reputado ufólogo que por entonces estaba trabajando en un periódico de sucesos— , a una sociedad de estudios interplanetaria radicada en Zaragoza, y a sus familiares... Una suerte de despedida, de última voluntad... que, posteriormente cuando tengo la oportunidad de consultar el sumario judicial adquiere una dimensión distinta porque veo que hay una serie de protagonistas que no habían aparecido en los medios de comunicación y que son singulares. Y a partir de aquel momento en el que uno busca a esos protagonistas, se encuentra que ninguno quiere hablar, y que hay muchas más muertes vinculadas, no solamente a la ufología, sino al grupo que había mantenido estrecho contacto con estas dos personas, como que hubiera una suerte de plan maestro... como si aquello fuera —salvando las diferencias, porque no es— una secta, en la que una acción final tenía que llamar la atención de los medios de comunicación para poner en el *candelero* esta materia y poder ser tratada y debatida en la sociedad... y el punto culminante de eso es el suicidio. Yo he logrado averiguar que nueve personas, entre Zaragoza y Terrassa, han perdido la vida en extrañas circunstancias o despidiéndose con cosas alusivas a los extraterrestres, y porque mantuvieron relación directa con José o Juan.

Esto para mí fue muy llamativo. Sí, indiscutiblemente hubo una mano negra que, no sólo intento silenciar, sino que además sembró el miedo entre las personas directamente vinculadas al grupo.

—¿Cómo está actualmente la investigación judicial del caso?

—La investigación final, llevada a cabo tanto por la Policía Judicial como por la Policía Local, cierra el caso como un suicidio. Pero hubo presiones para que esa fuera la conclusión final... No se analizó el algodón encontrado en la mano de José Félix Rodríguiez Montero, no se llevó a cabo un interrogatorio tan básico como el del guardagujas que estaba a escasos cien metros de la estación, y ni siquiera se le preguntó. Fue una investigación de decir: hay que cerrar esto. Sin embargo, el agente judicial que llevó el caso, quien llegó a ser comisario de la Policía Local de Terrassa (*nota del autor: omito el nombre de esta persona porque al entrevistarme con él prefirió no remover el pasado), y quedó muy marcado por esa investigación y continuó... él continuó, como el policía que en las películas se queda rayado con un caso, continuó investigando esta historia.

—¿Qué conclusión final sacas tras tu exhaustiva investigación?

—Tras varios años de investigación sobre lo que pudo acontecer aquí en el apeadero de Torrebonica, para mí el Caso Terrassa, es un caso cerrado. No creo que se pueda avanzar más o que se puedan buscar más implicados. Se pueden buscar lecturas, se pueden buscar ángulos distintos de interpretación de lo que pudo pasar o cuáles eran sus intereses, si hubo o no una relación más importante entre ellos, si hubo más o menos gente implicada... Pero es evidente que para mí, aquí hubo una inducción al suicidio por parte de uno a otro, y un acontecimiento que marcó de forma definitiva, no sólo la ufología en Terrassa, sino en todo el país y, seguramente en todo el mundo, porque este es un caso de referencia tan importante como los que se encontraron de las máscaras de hierro en Brasil o en muchos otros episodios de lo que se ha hecho llamar «El libro negro de la ufología».

Mi entrevista con Guijarro resultó ser sorprendente, los datos que me facilitó me dejaron atónito. Sin duda, el caso de los suicidas de Terrassa escondía muchos misterios y secretos, pero como bien mencionó Josep, a día de hoy parece cerrado y es complicado que puedan aparecer novedades. No obstante, quise entrevistarme con otro periodista de la zona para ver si me aportaba nueva información. Así que decidí visitar a Sebastià D´Arbó. La reunión nos sirvió para poder ampliar el documental que estaba grabando con Tevafilms.

Acudí al estudio de grabación de nuestro siguiente protagonista, donde mantuvimos una cordial charla…

—Buenos días, Sebastià. Todos los aficionados al misterio te conocen, pero quizá algunos desconozcan en profundidad tu extensa trayectoria. ¿Nos podrías explicar quién es Sebastià D´Arbó?

—Sebastià D´Arbó es un personaje que en los años sesenta inició en este país —me refiero al Estado español— el periodismo de misterio, quién inventó —porque antes no había nada— la primera revista de estos temas (Karma 7), que creó los primeros programas de radio en la Cadena Ser, que creó los primero programas de televisión en TVE, que creó las primeras películas, los primeros fascículos… y que creó todo lo que hoy se denomina periodismo de misterio. Por tanto, soy un pionero.

—Entrando en el caso de Torrebonica, creo que

cuando sucedió el trágico desenlace eras director de la revista Karma 7, y uno de los redactores estuvo con ellos horas previas. ¿Es así?

—Uno de nuestros mejores redactores, Marius Lleget, especialista en tema extraterrestre, alienígenas y, sobre todo en cuestiones de Marte, fue a dar una conferencia a Sabadell... Y fue todo bien, pero entonces hubo un grupito que venía de Terrassa, capitaneado por una especie de gurú —un personaje más mayor que ellos— que era el que les dominaba. Estuvieron escuchando la conferencia atentamente y formulando algunas preguntas sobre cómo eran estos alienígenas, cuál debía ser su bilogía y su composición morfogenética, cómo podrían desplazarse y superar nuestras leyes físicas... parecía gente coherente, interesada en el tema.

—¿Y qué pasó después?

—Aquella noche, al parecer este grupito se fue marchando y quedaron dos... volvieron hacia Terrassa y se apearon dos —o más— aunque luego se quedaron estos dos en Torrebonica...

—Y luego, Sebastià, se mascó la tragedia... ¿No parece extraño que dos personas se puedan tumbar en la vía del tren a esperar que la máquina los atropelle sin sufrir un estado de pánico?

—Para aguantar la tensión de que el tren viene y tú no moverte, existe un estado de ansiedad tremendo, y tienen que haberte dado alguna adormidera o algo para calmarte o dormirte... no tiene explicación. Entonces, ¿quién les dio esto?

—¿Qué conclusión sacaste sobre el supuesto suicidio?

—En aquel momento yo trabajaba en Televisión Española, con Enrique Rubio (El Caso, El Por qué...), y era especialista en esto... Teníamos claro que había sido una secta —no religiosa— de tipo ufológica, alienígena, incluso de tipo espiritual porque entraba en juego todo, la cual había manipulado a estos dos... el mayor al joven, o el joven estaba manipulado o incluso todo el grupo, porque alguien más tuvo que intervenir.

—¿Qué opinas de la nota de despedida que se halló junto a los cuerpos?

—¿Cómo es que al lado de las cabezas de estas personas aparecieran las cartas? No es posible que las cartas estuvieran antes porque la velocidad del tren las hubiera levantado y no las habríamos encontrado.

—¿Cómo definirías este caso?

—El caso Torrebonica entra en los anales sangrientos y anales negros dentro de la historia de la ufología, que tiene bastantes víctimas y que algún día se sabrá la verdad... no del caso de Torrebonica que ya la sabemos, que fue por inducción, y que perjudicó desde luego al sector ufológico e, incluso a los aficionados, que eran tildados de locos por seguir estas enseñanzas, cuando no es así. Sabemos que existen otros mundos, pero están en éste, no es necesario buscarlos más allá.

La información aportada por D´Arbó me hizo reflexionar profundamente sobre este asunto. Era consciente de que sería prácticamente imposible llegar más lejos en esta investigación, al menos de una forma objetiva y periodística. Tanto Josep, como Sebastià, lo tenían claro: el caso estaba cerrado. Si esta afirmación llegaba por parte de dos eminencias dentro de la materia, es porque era cierta. ¿Qué podía hacer entonces?..

Tras pensar y reflexionar durante unos días, se me ocurrió una nueva vía de investigación, aunque esta era mucho menos objetiva y fiable... cataloguémosla mejor como subjetiva.

Tomé la decisión de contactar con Toni Blanch, del grupo Oberón Misteria, para que acudiera al apeadero e intentase buscar respuestas. Este hombre —según asegura él mismo— tiene una capacidad especial para ver el pasado, presente y futuro, e incluso para comunicarse con otras realidades e interactuar en sucesos acaecidos.

Quiero dejar claro que las investigaciones realizadas por Josep y Sebastià son puramente periodísticas y, por tanto son objetivas, ya que se basan en evidencias y pruebas palpables. Mientras que la investigación que van a conocer de Toni Blanch, es totalmente subjetiva y basada en sus supuestas capacidades sensitivas.

Como mencionaba Josep Guijarro en la entrevista, Juan Turu Vallés era un investigador objetivo que utilizaba el método periodístico. Así también como las investigaciones del propio Josep y Sebastià. Sin embargo, José Félix Rodríguez Montero era un hombre de capacidades sensitivas, como nuestro siguiente protagonista, Toni Blanch. Es por eso que no consideré descabellado llevar a cabo ambos tipos de investigación. Total, era consciente de que a través del periodismo y la objetividad no podría avanzar en este caso, así que, ¿por qué no probar con otro método?

Me reuní con nuestro siguiente protagonista en el apeadero, para iniciar la investigación, la cual consistió en que Toni paseara por la zona dando rienda suelta a su don... Lo primero que me dijo es que alguien en la zona había visto suicidios. A partir de ese momento comenzamos con la entrevista a modo de investigación.

—¿Cómo defines tu capacidad sensitiva, Toni?

—Lo que yo tengo lo defino como una maldición. A mí no me interesa saber nada de lo que pase o no pase a la gente, o lo que vea sea real. Daría lo que fuera porque esto desapareciera y que realmente estuviese loco. Me medicaría y fuera. Pero bueno, si hay que llamarlo de alguna manera, te diría ese don, entre comillas, de poder llegar a ver lo que ha ocurrido, lo que ocurrirá... lo que hay. Siempre he considerado que esto es como un papel mojado, mientras no está mojado ves lo que hay arriba y cuando mojas ves el papel que hay abajo.

—¿Podrías definirme a qué se dedica tu grupo de investigación?

—Somos Oberón Misteria, es un grupo que nos dedicamos desde hace mucho tiempo a buscar misterios por todo el país... ermitas, castillos, sanatorios, pueblos abandonados, etcétera. Y aquí estamos, dedicándonos a ello, intentando saber qué ocurrió en estos lares.

—¿Puedes ver algo de lo que pasó?

—No estaban solos, hay más gente... Dos están arriba y dos están abajo, están aquí. Hay dos personas arriba que les están diciendo que lo hagan. Son dos personas normales y corrientes. Llevan algo en la mano, una maleta... algo.

—¿Sobre las víctimas puedes ver algo?

—De los dos que murieron, uno no quería matarse y el otro no te lo sabría decir, pero hay uno que estoy seguro de que no, porque además le va el corazón a mil y es como si quisiese salir de él. Pero aquí hay como gente que les está obligando... ¡pero es que les obligan a que lo hagan!

—¿Cómo son las personas que incitan al suicidio a los otros dos?

—Llevan como un traje gris, pero tipo de bonito... Llevan unos pantalones, pero también como una chilaba, pero sin el gorro, y es gris, abierta por abajo.

—¿Van vestidos igual?

—Todos, completamente. Esto era una secta o un grupo de… Hay dinero, hay mucho dinero por medio. Hablan de dinero y de no sé qué, además es gente que sabe lo que están hablando. Buscaban algo, conseguir algo con esto. No sé qué buscaban, pero lo buscaban.

—¿Dicen algo concreto?

—La frase de los que están arriba a los de abajo es: «tranquilos que ya os están esperando. Ya han venido a buscaros». Abajo, uno le dice al otro: «oye, vámonos de aquí, yo no estoy seguro de esto». El otro sin embargo, está totalmente convencido. Uno muy convencido y el otro absolutamente nada. El que no está convencido dice: «qué hacemos, madre mía… qué hacemos, madre mía». Y a los de arriba no les importa absolutamente nada, es como si les diera igual. Saben a qué ha venido, pero les da completamente igual.

—¿Cómo ha sido la experiencia en Torrebonica?

—La experiencia aquí es de que por qué le hicieron aquello a esta gente, no lo entenderé. Si hubiésemos visto un suicidio o a mí se me hubiese mostrado un suicidio, dices bueno, es un suicidio y sabe mal, pero por lo que yo veo, sea o no sea verdad, esté o no esté loco, a esta gente me da la impresión —no quiero afirmarlo— de que los hubiesen obligado.

Antes de marcharnos Toni tuvo otra visión que, tras contármela a tiempo real me dejó impactado por la dureza de los hechos. Lo definió así:

«De los dos de arriba uno está muerto y sabe que lo estoy viendo claramente, porque además me mira. Tiene el cabello blanco, es un señor mayor, es bastante obeso y tiene cojera. Lleva una camisa de muy alta gama, pero encima tiene aquello muy fino. Se ve que es un tipo de dinero, y tiene un gran anillo con un símbolo que es como una cruz con la espada de arriba más grande y la de abajo más pequeña, y después como unos ribetes debajo... eso es lo que lleva él en el anillo».

No podemos tomar la información obtenida a través de Toni como algo veraz al cien por ciento, pues el mismo entrevistado deja claro que no quiere afirmarlo, pues reconoce que cabe la posibilidad de que lo ve no sea verdad. Por tanto, hay que agarrar con pinzas esta información y mantenerla en cuarentena, hasta que algún día pudiese ser contratada, algo que parece misión imposible, como comentaban Josep y D´Arbó.

Mi siguiente paso fue ponerme en contacto con el director de cine Oscar Aibar, para realizarle un par de preguntas sobre el tema de los suicidas, ya que dirigió la película «Platillos Volantes», basada en este trágico caso. Lo que contó fue lo siguiente:

«La pareja es un señor mayor, muy aficionado a la ufología y uno muy joven. Entonces, los dos pertenecen a dos tipos de escuelas diferentes. El mayor era una persona que venía de ser un cristiano fanático y que cambió a Cristo por los marcianos. Era un hombre que tenía una visión mística del más allá. Sin embargo el otro pertenecía al nuevo periodismo de la época, que eran Jiménez del Oso, J.J. Benítez... el tipo de joven con una terminología universitaria, la grabadora, el cuaderno de campo; ese tipo de investigador. Eran como la fe y la ciencia.

Después de entrevistarme con estos protagonistas y para complementar el documental que estaba grabando con Tevafilms, decidimos intentar hallar alguna de las otras muertes que se habían producido en las vías del tren entre Zaragoza y Terrassa, como nos había informado Josep Guijarro. Fue entonces cuando aparece en escena Teresa Porqueras, quien forma parte de la productora Tevafilms, además de ser periodista y escritora. Ella se desplazó hasta Lleida para completar el documental y entrevistar a un periodista que tenía algo que contar sobre otro doble supuesto suicidio en la vía del tren, en la estación de Puigvert-Artesa.

Una de las cosas más extrañas es que los supuestos suicidas tenían los zapatos limpios, cuando el lugar y todo el entorno estaba completamente embarrado, ya que las horas previas había llovido con mucha fuerza.

Paso a exponer lo que contó este hombre.

JOSÉ CARLOS MIRANDA (Periodista y Redactor)

«Lleida, por desgracia es una ciudad pequeña, pero en el rango de criminalidad, en crímenes sin resolver, está de las primeras.

Empezamos a desenredar un ovillo, que en vez de desenredarlo cada vez que íbamos estirando era más complicado, y así nos fuimos enterando de la historia… Eran dos amigos, Francisco Saureo, que era un estudiante de Formación Profesional y tenía sobre los 16 años, y José Gómez que trabajaba como auxiliar administrativo en una cooperativa de crédito mutual, y que tenía 18 años… Era un caso lleno de interrogantes y que hay muchísimas cosas por explicar, quedan muchos cabos sueltos, no sé quién los podría encontrar porque evidentemente aquí hay un trabajo de campo.

Eran muy callados, tenían muy pocos amigos, en cambio entre ellos sí tenían una gran amistad y había un punto en común que eso sí los unía, que era su afición a la parapsicología y, sobre todo a los temas relacionados con los ovnis.

Ya de madrugada encuentran sus cuerpos destrozados, en principio por el paso del tren... Hay muchos puntos oscuros; por ejemplo está el tema de los zapatos, esa es la hipótesis principal... Si lo de los zapatos es cierto, evidentemente ellos no fueron allí por su propio pie, alguien los llevó. La respuesta probablemente estaría en la autopsia y esclarecería muchos puntos, pero como no la sabemos».

Este caso queda abierto para poder ser investigado, por si alguien desea ahondar en esta historia.

Sin duda, el caso de Torrebonica y todo lo que lo envuelve sigue siendo un gran misterio, y esto es lo que ha dado paso a que muchos investigadores y curiosos de lo paranormal hayan acudido al lugar en busca de respuestas. Todas —por supuesto— subjetivas, ya que en realidad no sabemos qué se comunica desde el otro lado, ni tampoco sabemos si nos mienten o nos dicen la verdad.

PARTE 2

LA NOVELA

LA CARA OCULTA DE TORREBONICA

1

Se había despertado en mí un profundo deseo de investigar Torrebonica a nivel paranormal, por eso tomé la decisión de visitar el enclave acompañado de algunos aparatos. No era la primera vez que lo hacía, pues hace algunos años ya estuve en diferentes ocasiones indagando en el lugar. El resultado había sido muy interesante al obtener psicofonías muy claras y comunicaciones mediante ouija realmente interesantes. Además, algunos artilugios como sensores de movimiento y estaciones meteorológicas habían registrado anomalías considerables. Partiendo de estos precedentes, todo apuntaba a que las nuevas investigaciones podrían ser fructíferas. ¡Estaba muy ilusionado!

Sobre las once de la mañana llegué al apeadero, no había nadie. El entorno brotaba con aires de misterio, pues la sensación que pude percibir me dictaba que, posiblemente me toparía con lo extraño, y así fue. Pero no adelantemos acontecimientos y vayamos por partes.

Saqué mi cámara fotográfica y lancé varias instantáneas para inmortalizar algunas zonas del viejo apeadero. A priori, no registré nada paranormal en esas imágenes.

El siguiente paso fue grabar en vídeo aquellos puntos concretos que llamaban más mi atención... Mientras filmaba, un hombre de unos cuarenta años apareció en escena. Me acerqué hasta él y entablé una conversación.

—Buenos días.

—Hola.

—Estoy realizando un reportaje sobre el apeadero, ¿vine mucho por aquí? —pregunté.

—Sí, suelo venir a menudo con el perro —respondió el señor.

—No sé si conoce la historia truculenta que tiene este enclave.

—Algo he escuchado.

—Supongo que usted no habrá tenido ninguna experiencia misteriosa, ¿verdad?

—Pues lo cierto es que no. Lo único que he visto fue hace años a la Policía por esta zona, ya que una persona se suicidó ahorcándose en un árbol que hay más abajo.

—¿Usted presenció esto? —pregunté sorprendido.

—No. Yo vi el despliegue policial, pero nada más.

—Dicen que este sitio ha sido escenario de diferentes suicidios —añadí.

—Sí. Hace muchos años dos personas se suicidaron en la vía del tren. Aquello sí que fue misterioso porque según me contaron, aparecieron piedras muy pesadas formando círculos perfectos.

—¿Me habla usted de los aficionados a los ovnis que supuestamente se suicidaron en el año 1.972?

—No recuerdo el año exacto, pero sí que eran dos personas interesadas por los extraterrestres o algo así.

—¿Y dice que aparecieron piedras de gran peso formando círculos?

—Eso me dijeron, y según me contaron eran piedras muy pesadas que para la moverlas se habría necesitado una máquina.

—¿Recuerda quién se lo contó? —crucé los dedos con la esperanza de que lo recordara.

—Fue un hombre que estaba por aquí, pero no sé más.

—¿Quizá alguna de las personas que vive en la casa que hay en la estación?

—No. Era un hombre con acento extranjero, diría que del Este.

—Entiendo… Bueno, pues muchas gracias por su tiempo.

—De nada. Suerte con el reportaje.

Tras varios minutos, el hombre se marchó de allí y la soledad volvió a unirse a mí como fiel compañera. Era el momento perfecto para sacar la grabadora y formular unas preguntas a las voces psicofónicas. El resultado fue positivo, aunque no obtuve tantos registros como me hubiese gustado. Paso a exponer la transcripción de aquella primera sesión.

—¿Alguien se quiere comunicar conmigo?

—…

—¿Cuántas personas han perdido la vida en esta zona?

—…

—¿Conocéis el caso de los suicidas de Terrassa?

—…

—Me han hablado de unas extrañas piedras, ¿me

podéis ampliar la información?

— …

— ¿Hoy nadie quiere hablar conmigo?
— Yo sí quiero.

— ¿Cómo te llamas?
— …

— ¿No querías hablar conmigo?
— …

— ¿Quieres decirme algo?
— Sigue investigando.

— ¿Qué encontraré si sigo investigando?
— La verdad.

— Dime cómo te llamas o quién eres.
— …

— Voy a cortar la grabación, si tenéis algún mensaje más para mí, por favor, ahora es el momento.
— Aquí huele a muerte.

A pesar de que muchas preguntas que considero importantes no fueron contestadas, sí que obtuve otras que me hicieron reflexionar profundamente. Una voz decía que quería hablar conmigo, otra que continuara investigando para encontrar la verdad, y por último —en este caso una voz femenina— que exclamaba que olía a muerte.

El siguiente paso fue sacar el detector de movimiento y la estación meteorológica para ver si los aparatos registraban alteraciones extrañas, pero el resultado fue negativo. Sin embargo, antes de marcharme sucedió algo digno de remarcar, y es que una fuerte ráfaga de viento me atizó de lleno con tanta fuerza que incluso llegué a marearme unos instantes. Duró apenas ocho o diez segundos, y luego desapareció por completo. Ni antes ni después, sopló nada de aire. Fue un suceso que llamó poderosamente mi atención.

Una vez en casa, revisé la grabación en vídeo, llegando a percatarme de algo inquietante y misterioso. Había captado una extraña esfera de luz blanquecina que cruzaba a gran velocidad por delante de la cámara. Intuí que se trataba de algo físico y palpable... no sé, parecía consistente, aunque es una mera interpretación.

La primera toma de contacto a modo paranormal con el apeadero había sido positiva. El siguiente paso era volver con más compañeros para profundizar en el asunto. En ese momento no sabía si acudiría de día o de noche. Estaba claro que debía investigar a diferentes horas para poder ampliar al máximo la dimensión de la investigación a la que me enfrentaba.

2

Siendo consciente de los buenos resultados obtenidos en la primera jornada de investigación, decidí volver al lugar acompañado de dos amigos para poder realizar una sesión de ouija. Me puse en contacto con ellos y les propuse la idea. Al primero que llamé fue a José.

—Buenas tardes, José.

—Hola tío, ¿qué tal estás?

—Muy bien, gracias. Te quería proponer una investigación en Torrebonica y, a poder ser con sesión de ouija. Estuve ayer allí y capté algunas psicofonías interesantes, creo que el lugar promete.

—Ya sabes que yo me apunto a todo. ¿Cuándo quieres ir?

—Me gustaría acudir esta noche. ¿Te va bien?

—Estupendo. ¿A qué hora quedamos?

—En principio a las diez o así, pero déjame que

llame a Antonio y le pregunto si se apunta.

—Vale, luego me dices algo.

Ya tenía a mi primer acompañante, así que tocaba cruzar los dedos y llamar al otro compañero para ver si se animaba a investigar con nosotros. Ambos eran dos personas ideales para llevar a cabo una sesión de ouija en el viejo apeadero. Son dos tipos serios, rigurosos y con los que mantenía una afinidad muy buena en lo que se refiere a estos temas.

—Buenas tardes, Antonio. ¿Cómo estás?

—Hola Miguel Ángel. Bien, gracias. ¿Y tú?

—Yo genial, como siempre. Te quería comentar algo…

—Tú dirás.

—Esta noche voy con José a Torrebonica y me gustaría que vinieras con nosotros. Ayer grabé varias psicofonías allí y quiero hacer una sesión de ouija. Sabes que cuando nos juntamos los tres suele ser bastante productiva.

—Vale, me apunto. ¿A qué hora?

—Si te va bien, a las diez.

—Sí, claro. Nos vemos entonces esta noche.

Preparé algunos aparatos para la investigación y

metí el tablero de ouija en una bolsa. Sólo faltaba esperar a que fuesen las diez menos cuarto de la noche para ir a buscar a mis compañeros.

Durante las horas de espera tuve la sensación de que aquella noche pasaría algo diferente. No sé, fue un pálpito extraño. Una vez entrada la medianoche, confirmaría que mi intuición no me había fallado en aquella ocasión. Sucedió algo increíble. Tuvimos una sesión de contacto muy distinta a lo habitual.

Pasaba media hora de la diez cuando llegamos al lugar de destino. Aparcamos el coche en el mismo apeadero y nos bajamos.

La noche estaba cerrada, aunque no hacía demasiado frío. En el entorno reinaba un silencio absoluto, como si no existiera nada más a parte de nosotros. Todo hacía pensar que la noche estaba perfecta para experimentar con lo paranormal.

Lo primero que hicimos fue realizar fotografías y filmaciones en vídeo, ya que es una forma de empezar a calentar motores antes de meternos de lleno en la parte más apasionante de todas, que es el contacto con ese otro lado.

A las once comenzamos con una sesión de psicofonías, llegando a registrar varias voces interesantes.

—¿Os vais a comunicar esta noche?

—...

—¿Estáis por aquí?

—Siempre.

—¿Alguien se quiere presentar diciendo su nombre?

—...

—¿Alguien ha fallecido en este lugar?

—...

—¿Os molestamos?

—...

—¿Nos podéis dar información sobre los misterios de Torrebonica?

—No puedo.

—¿Cómo podemos saber la verdad de lo que ocurrió aquí?

—Quién lo sabe.

—¿Estáis muertos?

—...

—¿Podéis vernos?
—Claro.

—¿Cómo os podemos ver nosotros?
—No es fácil.

—¿Realmente existen las personas que pueden ve-
ros a todas horas?
—Sólo a veces.

—¿Necesitáis algo de nosotros?
—...

—¿Os gusta estar en el más allá?
—...

—¿Cómo es el lugar donde estáis?
—...

Registramos voces interesantes, aunque algunas
preguntas que consideramos importantes no fueron
contestadas. El fenómeno de las psicofonías es así de
esquivo.

Lo siguiente que hicimos antes de iniciar la sesión de ouija fue colocar varios detectores de movimiento en zonas estratégicas con el fin de esperar a ver si alguna entidad era capaz de activarlo.

Instantes después, Antonio fue testigo de un hecho curioso. Se encontraba de la zona que hay techada cuando nos llamó de forma imperante. Lo notamos nervioso y alterado. Nuestro compañero se había topado con una situación paranormal... Lo explicó así:

«Qué fuerte, colegas. Me he agachado para dejar allí el sensor de movimiento y al levantarme he notado como si alguien me estirara de la camiseta... Al mirar a mi lado he visto cómo la camiseta se movía sola. ¡Menudo susto! Me recuerda a la experiencia que Guti contó en el Hospital del Tórax, donde algo invisible estiró de la camiseta a su amigo».

Después de lo vivido por Antonio decidimos ubicar el tablero en esa zona. Todo apuntaba a que la sesión podía ser interesante, así que nos desplazamos hasta ese lugar y situamos una mesa plegable debajo de la zona techada. Minutos más tarde iniciamos el contacto.

—¿Hay alguien aquí?
—Estoy aquí para ayudarte, Miguel Ángel.

—¿Para ayudarme a mí? —pregunté sorprendido.

—Tu espíritu es bueno.

—¿Quién eres?

—Soy de otro mundo.

—Pues tú dirás —estaba expectante.

—Tu mundo vive bajo el flujo del engaño y la manipulación. A los que mandan sólo les importa el dinero, el poder y controlar a la gente. No dudan en matar, robar o engañar; crean guerras, enfermedades, hambre; siembran la muerte, el miedo, la inseguridad. Vais camino de la hecatombe mundial, y esto ya no tiene solución. Lo único que se puede hacer es salvar al mayor número de personas posible.

—¿Y cómo podemos salvar al mayor número de personas posible? —pregunté muy interesado.

—Tienen que conocer el Camino, la Verdad y la Vida.

—¿Y cuáles son? —volví a preguntar.

—Todo es Uno, pero vivís tan engañados que cuando escucháis su nombre sentís rechazo e incluso negación absoluta. Los poderosos se han ocupado de manipular todo lo que tiene que ver con Él para que os alejéis del Camino, la Verdad y la Vida.

—¿Pero quién es Él? —volví a insistir.

—El Salvador... el que en Él cree no volverá a morir jamás y tendrá vida eterna.

—¿Me puedes dar su nombre? —intuía quién podía ser, pero no lo tenía claro.

—Búscalo y sé libre...

—¿Todos podemos buscarlo?

—Todos, absolutamente todos. Sin embargo, los de corazón oscuro y espíritu negro no querrán buscarlo y lo rechazarán. Éstos viven bajo el flujo del engaño al que los someten las fuerzas del mal que ocupan vuestro mundo.

—No quiero ser pesado, ¿pero me podrías decir su nombre? Así será más fácil hallarlo.

—Su nombre es Jesús.

—¿Me estás hablando entonces de religión?

—¡No! La religión es un invento por parte de las fuerzas del mal para alejaros de Él. La religión condena a las personas, impone mandamientos, señala a los infieles, etcétera., pero Él es todo lo contrario; no condena a nadie, ni impone mandamientos, ni señala a los infieles. Vino al mundo para salvarlo, no para condenarlo. Los religiosos fueron quienes lo mataron en la Cruz del Calvario. Él nos hace libres, la religión nos hace esclavos.

—¡Vaya! Me dejas totalmente sorprendido, pues no lo había visto de esta manera.

—Lo sé, muy pocas personas en tu mundo conocen la verdad en todo este asunto.

—¿Por qué me cuentas esto? ¿Acaso tengo que predicar a Jesús?

—Ese no es el motivo, pero ya que me preguntas te diré que la mejor forma de predicar a Jesús es llevando una vida de amor con los demás y contigo mismo. Tu misión, aparte de esto, que debería ser la de todos, es esclarecer misterios ocultos y secretos escondidos. El primero de ellos es el caso de Torrebonica.

—¿Te refieres a la parte paranormal o a los suicidios acaecidos? —pregunté anonadado.

—Todo está relacionado.

—¿Y qué tengo que hacer?

—Confiar en Él y seguir tu instinto.

—¿Así de simple?

—Sí. Él no es complicado, los que lo complicáis todo sois vosotros que ponéis etiquetas a las cosas y juzgáis sin conocer. Deja que sea tu espíritu interior el que te lleve por las sendas de la vida y de la investigación. Eso sí, ten cuidado porque las fuerzas del mal operan constantemente en tu mundo y los que sois de espíritu bueno os convertís en una amenaza para ellos.

—¿Eso quiere decir que puedo estar en peligro?

—Sí. La oscuridad no quiere que brille la luz, y tú investigas con el fin de sacar a la luz toda la verdad. Aunque no te preocupes excesivamente, sólo toma ciertas precauciones.

La sesión de ouija nos dejó sin palabras... Fue surrealista pero muy enriquecedora a la vez. Además, me confirmó algo que siempre he creído y que muy pocas personas han entendido, y es el hecho de que uno puede estar del lado de la luz, creer en Dios, admirar a Jesús o ser espiritual, y no por ello tiene que alejarse del misterio o la investigación paranormal. Y es que la religión, amigos míos, se ha ocupado de hacernos creer que lo Divino está reñido con lo paranormal. Es más, la religión acusa de satanismo a todas estas prácticas. Para ellos grabar psicofonías, realizar una sesión de ouija o experimentar en lugares como Torrebonica, es algo diabólico. ¡Y eso es mentira! Se puede ser espiritual o creer en Dios, y tener la inquietud de investigar y descubrir verdades ocultas. Otra cuestión es que en ese otro lado haya entidades que proceden de la oscuridad en la mayoría de casos, pero también habitan Seres de Luz (*en mi libro «**Seres de Luz**» hago referencia a entidades buenas que cuidan de nosotros).

Otra de las cuestiones importantes que tenemos que saber es que las entidades que proceden del lado oscuro suelen mentir con el fin de engañarnos y manipularnos, por eso tenemos que ser muy cautelosos a la hora de dar por verdadera la información que obtenemos en este tipo de contactos. Siendo consciente de esto, considero que la sesión de ouija realizada en Torrebonica tiene todos los patrones para que pueda calificarla como mensajes reales.

Al concluir la experiencia con el tablero y, tras nuestra mayúscula sorpresa, decidimos seguir experimentando con otras técnicas. Optamos por utilizar la famosa Spirit Box, donde las voces paranormales fluyen con mucha más frecuencia que en las psicofonías. Además, no necesitas rebobinar la grabación para oír las respuestas, ya que se escuchan en directo. El resultado fue espectacular.

— ¿Quién se ha comunicado con nosotros mediante la ouija?
— Era de otro planeta.

— ¿Tú quién eres?
— Eduard.

— ¿Has muerto aquí?
— ...

— ¿Estás vivo?
— ...

— ¿Sigues ahí, Eduard?
— Aquí ha muerto mucha gente.

— ¿Han fallecido al ser arrollados por el tren?
— Y ahorcados, suicidados, asesinados.

—¿Cómo lo sabes?

—...

—Estamos buscando información sobre lo ocurrido en este lugar. ¿Alguien nos quiere ayudar?

—Tienen miedo a hablar.

—¿Quiénes tienen miedo a hablar?

—Los que saben la verdad.

—¿Y quiénes son esos que saben la verdad?

—...

—Por favor, necesitamos respuestas.

—Y las tendréis.

—¿Cuándo?

—Pronto...

—¿Alguien más nos escucha?

—...

—¿Nos podéis ayudar?

—...

—¿Hay alguien aquí?

—...

—Al no haber respuesta vamos a cortar la comunicación, si queréis decirnos algo ahora es el momento.

—...

Al terminar la experiencia con la Spirit Box, José nos alertó de algo que había presenciado durante aquellos instantes de contacto. Según nos dijo, no quiso interrumpir la comunicación para informarnos de lo acontecido y prefirió esperar al final. Nos lo explicó muy sorprendido.

«Llevábamos unos diez minutos con la Spirit Box cuando he visto una sombra blanquecina que se desplazaba desde la zona de las vías hasta cerca de donde nos encontrábamos nosotros. En ese momento la conversación mediante el aparto ha sido más clara. Minutos después, la misma sombra se ha comenzado a desplazar otra vez, pero en sentido contrario, hasta desaparecer en la vía. Ahí se cortó la comunicación en la Spirit Box».

Sin duda, todo encajaba... Lo más sorprendente es que José hubiese visto a la extraña figura mientras que Antonio y yo no nos percatamos. ¿Habrá despertado mi compañero alguna sensibilidad especial para esto?, me pregunté varias veces. En ese momento no obtuve respuesta. En ocasiones esta capacidad sensitiva se despierta en las personas durante segundos o minutos, y luego nunca más vuelve a aparecer, así que esa noche me quedé con la duda.

Dimos por concluida la investigación en el momento que comenzó a llover levemente. Tenemos que tener en cuenta que estábamos en mitad del campo y hasta llegar a una zona asfaltada teníamos varios kilómetros, por lo que si la lluvia se volvía intensa, los caminos se podrían convertir en un barrizal. Fue por eso por lo que concluimos la actividad y nos marchamos a casa.

3

Me levanté temprano, apenas había dormido cinco horas... Algo dentro de mí me tuvo inquieto durante toda la noche, teniendo la sensación de que debía levantarme pronto para acudir nuevamente a Torrebonica. No sabía si era una intuición, un pálpito o simplemente sugestión, pero no quería quedarme con la duda, así que me di una ducha rápida, me vestí y salí destino al apeadero.

A las diez de la mañana estaba aparcando el vehículo junto a la vía del tren. No había nadie en la zona; los pajarillos cantaban y el cielo brillaba sin una sola nube. La lluvia de la noche anterior había limpiado la atmósfera.

La verdad es que no sabía qué hacía allí, ni siquiera me había llevado aparatos para investigar, así que me apoyé en el coche y esperé... Algo dentro de mí me decía que tenía que estar allí, en ese lugar y a esa hora. Pronto saldría de dudas.

Transcurridos diez minutos, un hombre hizo acto de presencia en el lugar. Al verlo me transmitió sensaciones muy positivas.

Como todos ustedes saben, hay personas a las cuales las ves por primera vez y te causan un absoluto rechazo o una tremenda aceptación. Esto quizá suceda debido a que nuestros espíritus o nuestras energías sean compatibles o no. La cuestión es que sucede, y al ver a este señor percibí paz, confianza, bondad... Me transmitió muy buenas vibraciones.

Segundos más tarde, una vez que el hombre se situó a mi lado y me saludó, pude darme cuenta de que era extranjero. Su acento del Este me hizo intuir que quizá podría ser ese hombre que explicó a aquel testigo al que entrevisté, lo de las extrañas piedras que aparecieron en Torrebonica cuando los ufólogos perdieron la vida en ese tramo de vía. No dudé en preguntárselo.

—Buenos días. Estoy investigando la historia de este lugar y hace unos días un hombre me habló de unas piedras que aparecieron aquí en 1.972. ¿No sabrá usted algo por casualidad?

—Yo vi esas piedras —contestó el hombre.

—¿Qué edad tenía entonces?

—Poco más de veinte años.

—¿Qué vio exactamente?

—Habían piedras de gran tamaño formando círculos perfectos. Las piedras eran muy pesadas, por lo que tendrían que haberla puesto ahí con máquinas.

—¿Dónde estaban exactamente? —pregunté muy interesado.

—En la parte de arriba, cerca del camino de tierra.

—¿Pudo observar algo más que fuese extraño?

—Todo en esta historia es extraño, amigo.

—Por su respuesta intuyo que conoce bien el caso de los suicidas de Terrassa, ¿qué cree que pasó?

—Que los pobres hombres fueron manipulados y engañados. Hay poderes establecidos que no son precisamente buenos, y los cuales no dudan en utilizar la muerte para promover sus objetivos.

—¿Podría ser un poco más claro? —la cosa se ponía interesante.

—No quiero meterme en líos. Lo que sí le puedo decir es que los que mandan y son visibles para el pueblo son lobos con piel de cordero, y los que mandan por encima de éstos y que la gente no puede ver, son tipos diabólicos.

—¿Cree que las víctimas de este caso tuvieron relación con sectas?

—En realidad todos los grupos de poder y movimientos que los secundan, son sectarios.

—Para mí es muy importante que sea más explícito en sus respuestas —dije algo decepcionado.

—Lo siento, pero no quiero remover el pasado. Le daré un consejo: no urge demasiado en este tema, han pasado muchos años pero todavía puede molestar a alguien.

—Gracias por su consejo, pero no creo que lo aplique. Soy así de incauto.

No sabía si aquellas piedras formando círculos tenían algo que ver con el truculento hecho acaecido hace décadas en el viejo apeadero, pero lo que sí me había quedado claro es que este hombre tenía muchas más cosas que contar. Me sentía impotente al no haberle podido sacar más información. Consideré en ese momento que quizá tuviera miedo debido a que disponía de información privilegiada que no quiso darme.

Con la sensación de fracaso volví a subirme al coche y me marché de allí... Unas horas más tarde descubriría algo que me dejó eclipsado.

Me levanté de la siesta a cinco de la tarde, y fue entonces cuando al ponerme los pantalones me di cuenta de que en uno de los bolsillos tenía un papel. Al leerlo me sorprendí. El extraño señor con el que había conversado en el apeadero me había dejado una nota en la cual había escrito un número de teléfono y un mensaje muy breve que decía: «llámame».

Rápidamente agarré mi teléfono móvil y marqué el número... Sin embargo, no obtuve respuesta, nadie contestó. Minutos más tarde volví a insistir, pero en aquella ocasión saltó el buzón de voz, así que colgué y esperé a la mañana siguiente para volver a intentar contactar con él.

Estaba convencido de que ese hombre tenía información muy valiosa para mí. Todo parecía indicar que al fin iba a obtener respuestas importantes sobre los enigmas que rodeaban al viejo apeadero de Torrebonica.

4

A la mañana siguiente, salí de casa temprano para ir a desayunar a una cafetería de mi barrio. En esos momentos previos a sentarme en la mesa y pedir el desayuno —obviaba lo que iba a suceder y ajeno a la situación que me iba a encontrar— paseaba por la calle con una enorme ilusión por compañera, pensando que dentro de un par de horas volvería a llamar al número de teléfono que aquel hombre había dejado anotado en ese papel que introdujo en mi bolsillo. Sin embargo, instantes después todo se iría al traste.

Al llegar a la cafetería me senté en una mesa y pedí un bocadillo de tortilla con un zumo de piña. Cogí el periódico que tenía a mi lado y me puse a ver las noticias… Unos segundos más tarde, me dio un vuelco el corazón, llegando a pegar un grito estridente. Todos los clientes del establecimiento me miraron sorprendidos, y una de las chicas que trabaja allí me preguntó si me encontraba bien... Sí, sí, respondí, añadiendo que un suceso aparecido en el periódico me había impactado. Todo volvió a la normalidad en la cafetería y yo continué leyendo la noticia atentamente, la cual decía: «I.K.T, un hombre de origen eslavo y residente en nuestro país desde hace varias décadas, ha aparecido muerto en las cercanías del apeadero de Torrebonica. El cuerpo fue hallado por un hombre que paseaba con su perro. Todo apunta al suicidio, ya que el cadáver apareció colgado de un árbol».

Al leer el terrible suceso tuve claro que se trataba del mismo hombre que había entrevistado el día anterior. Además intuí que su muerte no se trata de un suicidio, sino de un asesinato. Quizá la información que tenía que darme era demasiado valiosa y, por tanto, perjudicial para determinadas personas, y por eso lo mataron. Al menos, todo apuntaba por esos derroteros.

La cuestión ahora era saber si yo también estaba en peligro. Además tenía que tomar una decisión importante sobre qué hacer con mi investigación: ¿seguir adelante y poner en peligro mi vida o dejar el tema e intentar salvarla? ¡Menudo problema tenía encima!

Durante dos días estuve desaparecido, me metí en casa, desconecté el teléfono, no encendí el ordenador y no le abrí la puerta a nadie. Estuve meditando y reflexionando profundamente. Recordé la sesión de ouija en la que me habían dicho que mi cometido era desvelar misterios y secretos ocultos, y que para ello debía confiar en Jesús y en Dios. Así que por eso —y no sé si debido a mi desesperación o a mi verdadera fe— durante aquellas 48 horas de profunda reflexión estuve pidiendo a Dios que me orientara. Además, leí algunos pasajes de la Biblia… bueno, concretamente el Nuevo Testamento. Siempre he creído que el dios que aparece en el Antiguo Testamento en realidad es el dios sin mayúscula, el maligno; mientras que el Dios del que Jesús habló era otro, concretamente el Dios Verdadero, el que ama y perdona. Y no como el del Antiguo Testamento que es homicida desde el principio y pide derramamiento de sangre para limpiar los pecados; es vengativo y promueve el ojo por ojo y diente por diente.

La cuestión es que después de estos dos días, recluido en casa, lo tuve claro. Iba a seguir adelante para resolver todos los misterios y secretos que permanecían ocultos en el caso de Torrebonica. Encomié mi espíritu al Padre y pedí Su bendición. La suerte estaba echada.

Regresé al apeadero con mis compañeros para intentar establecer contacto con entidades del otro lado, el objetivo estaba claro: hallar respuestas.

A las once de la noche partimos para el lugar de destino y pocos minutos más tarde ya nos encontrábamos junto a la vía del tren. Hacía una temperatura agradable y el cielo estaba plagado de estrellas. La soledad gobernaba el entorno y el silencio reinaba en sus adentros. Todo era perfecto para arrancar con la investigación, así que procedimos a colocar varios aparatos en zonas estratégicas y dimos inicio a una sesión psicofónica. Paso a transcribirla.

—Buenas noches, ¿alguien se quiere comunicar con nosotros?
—Yo.

—¿Nos puedes decir tu nombre?
—...

—¿Alguien que habite en el otro lado nos conoce?
—...

—Recientemente murió un hombre ahorcado en esta zona, ¿qué sucedió realmente?

—Lo mataron.

—Según la prensa se trató de un suicidio, ¿es cierto?

—No.

—¿Quién lo mató según vosotros?

—...

—¿Por qué lo asesinaron?

—Tenían que callarlo.

—¿Nos podrías dar el nombre de su asesino?

—...

—Necesitamos más información, ¿queréis colaborar con nosotros?

—Ouija.

—¿Nos estás diciendo que hagamos una sesión de ouija?

—Eso es.

—¿Quién eres?

—…

—¿Nos hablarás a través del tablero?

—…

—Vamos a cortar la grabación, si quieres decirnos algo más ahora es el momento.

—…

Concluimos la experiencia habiendo registrado algunas psicofonías interesantes y muy claras. El siguiente paso era realizar una sesión de ouija tal y como nos había propuesto una de las voces captadas. No obstante, antes preferimos llevar a cabo otro tipo de prácticas.

Antonio se desplazó hasta la zona boscosa, concretamente al lugar de los árboles donde suponíamos que apareció el cuerpo sin vida de aquel hombre ahorcado, con el que pude hablar horas previas a su muerte. José se ubicó en la parte de arriba, al otro lado de la vía, junto al camino de tierra. Yo me quedé en el lugar donde estábamos y me situé debajo de la parte techada que hay en la estación. Todos teníamos un walkie talkie para poder comunicarnos en el caso de que fuese necesario. La idea era realizar tres pruebas conjuntas de aislamiento, en las cuales guardaríamos silencio y, mentalmente pediríamos a esas entidades del más allá que diesen muestras de su presencia. Posteriormente, nos volveríamos a reunir en el punto donde me encontraba para comentar el resultado de las experiencias.

Después de media hora de experimento, contacté con mis amigos y les pedí que volviesen al lugar donde habíamos instalado la base de operaciones. En ese momento comenzamos a explicar lo que habíamos vivido cada uno.

ANTONIO

«Al llegar junto a los árboles me senté debajo de uno de ellos y apagué la linterna. Mentalmente pedí a las entidades que se comunicaran conmigo o que se mostraran de alguna forma. Durante los primeros minutos no sucedió nada, incluso me sentía tranquilo y relajado, pero transcurridos quince o veinte minutos he comenzado a percibir cómo cambiaba el entorno. Es complicado de explicar porque notaba como si el ambiente se volviese cada vez más pesado, a la vez que el silencio se hacía más profundo, llegando a tener la sensación de que todo desaparecía, quedando solamente el entorno y yo. Ha sido como si me fusionara con el lugar donde me encontraba... y en ese momento es cuando he empezado a escuchar pasos a mi alrededor, como si alguien estuviese jugando conmigo y dando vueltas sobre mí. Hay sido muy extraño porque los pasos se producían a escasos tres o cuatro metros de donde me hallaba, pero allí no había nadie. Incluso he llegado a encender la linterna en varias ocasiones para cerciorarme de que no era ninguna persona o animal».

JOSÉ

«Mi experiencia ha sido de lo más tranquila, ya que no he presenciado nada extraño. Llegué al punto marcado para realizar el aislamiento y me quedé de pie, a esperar. No he notado nada fuera de lo normal. He insistido mentalmente para establecer comunicación con ese otro lado pero al parecer no me han hecho mucho caso o yo no he sabido expresarme bien. No lo sé. Supongo que lo extraordinario es lo vivido por Antonio y lo mío es normal».

YO

«Yo sí que he tenido una experiencia muy llamativa. Me he sentado en la zona techada, apoyando mi espalda en una de las columnas. Al principio todo ha transcurrido normal, pero pasados diez minutos ha sucedido algo alucinante… He podido ver una sombra con forma humana en la pared de la estación. Al girarme me he dado cuenta que detrás de mí no había nadie, por lo que no era una persona física quien proyectaba dicha sombra. Instantes después, la silueta ha vuelto a aparecer, pero en esa ocasión acompañada por unas extrañas voces que balbuceaban y que no he llegado a interpretar. Como podéis imaginar, en ese momento he pedido insistentemente que hablasen de forma más clara, pero no he obtenido respuesta. La experiencia ha durado varios minutos, y cuando pensaba que todo se había calmado, ya que hacía cinco minutos que no sucedía nada extraño, he podido ver en el cielo una extraña luz que se desplazaba de forma muy lenta y que volaba a una distancia muy baja. Sé que no era un avión ni nada conocido porque ha zigzagueado varias veces y luego ha subido a gran velocidad hasta perderse en el horizonte. Pensé que vosotros también la habíais visto, pero ya veo que no, porque no habéis mencionado el suceso».

El siguiente paso tras realizar las pruebas de aislamiento fue experimentar con la Spirit Box, un sistema

que como saben es mucho más efectivo que las psicofonías, por lo menos para captar voces con mucha más
frecuencia y de mejor calidad.

—¿La sombra que he visto antes de quién era?
—pregunté.
—Era yo.

—¿Quién eres tú?
—Un amigo soy.

—¿Nos vas a ayudar en esta investigación?
—...

—Te preguntaba si nos ibas a ayudar.
—Sí. Pregunta.

—¿Quién mató supuestamente a la persona que
murió aquí el otro día?
—Supuestamente no.

—¿Nos estás diciendo que lo asesinaron?.. Como
dices que supuestamente no, intuimos eso.
—Sí. Lo mataron.

—¿Quién lo mató?

—…

—¿Nos puedes decir el nombre del asesino?

—…

—Bueno… al menos dinos por qué lo mataron.
—Conocía la verdad.

—¿Y tú, la conoces?
—Sólo un poco.

—Dinos algo que no sepamos y que nos ayude en la investigación, por favor.
—Falsa secta ufológica.

—¿Falsa secta ufológica? No entendemos qué quiere decir eso. ¿Una secta que es ufológica pero que en realidad no lo es?

—…

—Tu última respuesta nos tiene desconcertado, ¿nos puedes aclarar el tema?

—…

—¿Hola? ¿Sigues ahí?

—...

—¿Te has ido?

—...

La comunicación se cortó en ese punto tan interesante, dejándonos reflexivos ante aquella respuesta tan curiosa e inquietante a la vez. Según intuimos, podría tratarse de un grupo vinculado al tema de los ovnis, pero que en realidad tenía otro objetivo que no era la ufología. La verdad es que la cosa se ponía muy interesante, y aunque los avances que estábamos obteniendo eran lentos, podíamos decir que estábamos teniendo suerte, ya que en otros casos es mucho más complicado avanzar en investigaciones de este tipo. Así que sí, me consideraba un tipo afortunado.

Por cierto, me planteé la posibilidad —no sé si descabellada o no— de que quizá ese grupo sectario podía ser el mismo que tiempo atrás había operado en zonas como el Llac Petit. Aquella secta denominada «Las tres cruces invertidas», había tenido en jaque a la Policía y los investigadores durante mucho tiempo, e incluso seguía activa a día de hoy. (*en mi libro **«Los misterios del Llac Petit»** podrá leer esta historia). Aunque por otro lado, no se tenía constancia de su vinculación con temas ufológicos. La verdad es que estaba confuso.

Continuamos con la experimentación en el viejo apeadero y para ello sacamos el tablero de ouija. Había llegado el momento de realizar una sesión como nos había sugerido una voz paranormal en la grabación psicofónica. ¿Habrá resultados interesantes?, nos preguntamos segundos antes de dar comienzo a la experiencia.

— ¿Hay alguien ahí?
— Hola.

— ¿Quién eres?
— Mi nombre es María.

— ¿Has muerto aquí?
— Sí.

— ¿Qué te sucedió?
— Eso ya no importa.

— ¿Y qué es lo que importa?
— La información que quiero daros sobre la secta

de la tres cruces invertidas.

—¿Son ellos los responsables de todo el mal que abrasa este lugar?

—No. Esa secta se dedica a otras cosas.

—¿Entonces quiénes son los culpables de las muertes que asolan este apeadero? Me refiero a las que no han sido accidentales, claro.

—Son personas que trabajan para los poderosos.

—¿A qué poderosos te refieres?

—A los que controlan el mundo.

—¿Podrías extenderte un poco más en tu explicación?

—Sí. Existen determinados grupos y personas que se dedican a ordenar las cosas y poner las piezas en su sitio a la hora de gestar hechos importantes, los cuales sirven de precedente y excusa para poder exponer a la luz pública ciertas cuestiones.

—¿Podrías darnos un ejemplo?

—Sí. Imaginaos que a los poderosos les interesa desprestigiar el tema ovni, pues para ello lo mejor es ridiculizar el tema y escandalizar a la población, así la gente verá este asunto como algo ridículo y a la vez peligroso. Si hacemos creer a la sociedad que dos locos por el tema de los ovnis se han suicidado porque creían que así viajarían a otro planeta con los extraterrestres, conseguiremos desprestigiar el tema, ridiculizarlo y, como explosión final hacer creer al mundo que las personas que se interesan por estos temas pueden terminar locas o incluso muertas, ya que es un movimiento fanático y sectario.

—¿Nos estás diciendo que hay personas especializadas en generar este tipo de situaciones?

—Sí. Personas a sueldo, pagadas por los poderosos. Son grupos secretos que trabajan para los gobiernos y las élites mundiales.

—¿Entonces muchos de los suicidios, asesinatos, atentados y sucesos trágicos que han trascendido de forma notoria a la ventana pública son manipulaciones y engaños?

—No todos, pero muchos sí. Muchas desapariciones de niños, adolescentes y otro tipo de desgracias terribles también son —no todas, como ya he dicho—

acciones diabólicas llevadas a cabo por estos grupos al servicio de las élites.

—¿Cómo podemos demostrar al mundo la existencia de estas personas y de las fechorías que han llevado a cabo?

—En vuestro caso destapando misterios, ya que poco más podéis hacer. Este tipo de cosas suceden desde tiempos antiquísimos y están tan arraigadas a la cultura secreta de la sociedad, por lo que es muy complicado hacer ver a la gente que todo esto sucede.

—¿Y si sacamos el nombre de alguno de los asesinos?

—No creo que sirva de nada, algunos no poseen ni identidad y otros seguramente la que tienen es falsa. Hay que tener en cuenta que quienes manejan el cotarro saben cubrirse las espaldas.

—¿Ellos mataron al señor del Este que murió hace unos días ahorcado?

—Claro.

—¿Te puedo hacer una pregunta sobre un tema más trascendental?

—Sí.

—¿Al pasar al otro lado sabemos con certeza de la existencia de Dios y de cuestiones sobre de dónde venimos, quiénes somos y adónde vamos?

—Depende de la persona.

—¿Tienes más información que darnos?

—No. Ahora me tengo que ir.

Terminamos la sesión de ouija con la sensación de que habíamos obtenido mucha información, y eso nos alegró la noche.

Minutos más tarde, recogimos todos los aparatos y nos montamos en el vehículo... Sobre las cuatro de la madrugada llegué a mi casa. Estaba tan cansado que me tumbé un instante en el sofá, pero cuando me di cuenta habían pasado varias horas. ¡Me quedé dormido!

Transcurridos dos días volvimos a investigar, pero sucedería algo inesperado; un extraño personaje y sus amigos entrarían en escena, y no lo harían con buenas intenciones.

5

Nuevamente nos habíamos desplazado hasta el viejo apeadero con la intención de realizar una investigación. Al llegar todo estaba en calma, como de costumbre, así que empezamos a colocar los aparatos en puntos concretos antes de iniciar una sesión de ouija. En ese momento llegaron dos coches derrapando y con la música a todo volumen. Tras aparcar, siete u ocho individuos se bajaron de los vehículos… ¡Menuda fiesta llevaban encima!

A los pocos segundos nos dimos cuenta de que estaban bebidos y quizá también drogados porque mostraban una euforia fuera de lo normal. Así que decidimos recoger todos los aparatos y marcharnos de allí, pero uno de ellos se dirigió a José…

—¿No seréis de esos que vienen aquí a buscar fantasmas? —preguntó el borracho.

—Más o menos —respondió José.

—Pues yo me cago en vuestra puta madre.

—¿Pero tú de qué cojones vas? —José se encaró con él.

En ese instante varios de ellos empezaron a golpear a mi amigo. Antonio y yo, corrimos hasta donde se encontraba y nos metimos de lleno en la pelea para intentar evitar que siguieran golpeándolo a la vez que pedíamos calma. Transcurridos unos segundos la pelea cesó. Mi amigo sangraba por la boca y por la nariz, aunque no parecía nada grave.

Me acerqué hasta la persona que inició el conflicto e intenté dialogar con él.

—¿Por qué te has puesto así? —pregunté sorprendido.

—Porque jugáis con el morbo de las personas que murieron aquí, sin importaros su dolor ni tampoco el de sus familiares.

—¡Eso no es verdad! Nosotros estamos aquí investigando con el fin de destapar los misterios y secretos que esconde este lugar. Jamás pretendemos alimentar el morbo que puede generar los hechos luctuosos, y menos cuando son recientes o existen familiares vivos.

—Pues si vosotros no lo hacéis, hay muchas personas que sí lo hacen, y eso no lo puedo consentir —el chico agachó la cabeza.

—A nosotros tampoco nos gusta el morbo cuando hay muertes de por medio —añadí.

—Mi hermana María murió aquí, justo a escasos diez metros de donde nos encontramos.

En ese instante intuí que su hermana era posiblemente quien se nos había presentado a través de la ouija días atrás, pero claro, no era el momento preciso para decírselo, ya que su reacción podría ser muy agresiva. Tomé la decisión de callar y terminar con la conversación. Nos subimos en el coche y abandonamos el lugar. Fuimos a Urgencias con José para que lo mirase un médico. Al final no fue nada importante y no hubo más complicaciones. Aunque eso sí, tanto José como Antonio, me dijeron que se retiraban de este tipo de investigaciones porque no querían tener más movidas como aquella, por lo que desde ese momento me encontraba solo en medio de la trama. La cosa parecía complicarse, ya que soy una persona muy metódica y cuidadosa a la hora de escoger a los miembros de mi equipo. Busco tres cosas principalmente, que son: afinidad con ellos, que no tengan capacidades sensitivas y no estén obsesionados con el misterio; y por último que sean trabajadores y honestos. Siempre he pensado que lo mejor para formar un buen equipo es hacerlo con tu pareja, como es el caso de Iker Jiménez y Carmen Porter, por ejemplo.

La cuestión es que debía buscar a alguien para que se uniese a la investigación. Era eso o lanzarme yo solo a la piscina. Para tomar la decisión preferí esperar unos días hasta que mi mente se aclarase.

Transcurrida una semana, consideré que la mejor opción para conocer posibles candidatos y formar el nuevo grupo de investigación era organizar un evento público relacionado con el misterio. Así que, utilizando la potencia difusora que tienen las Redes Sociales, propuse una quedada con los usuarios que me seguían.

La reunión se llevaría a cabo dentro de cinco días en el apeadero de Torrebonica. La idea era hacer una Alerta Ovni, que consiste en vigilar el cielo durante algunas horas. Posteriormente grabaríamos psicofonías y, para los más atrevidos concluiríamos con una sesión de ouija.

Durante los días previos al evento, intenté desvincularme mentalmente de la investigación que estaba llevando a cabo, necesitaba aislarme emocionalmente de todo lo que estaba viviendo. Vamos, que tuve que recargar pilas, como se suele decir de forma coloquial.

Creo que en pocas épocas de mi vida reflexioné tanto y vi tantas películas como en aquella semana previa a la reunión.

Una vez que llegó el día del evento, ignoraba cuántas personas nos reuniríamos en el viejo apeadero, ya que no solicité que los usuarios confirmaran asistencia, por lo que la incógnita de saber cuántos seríamos estaba latente.

A las diez de la noche —hora marcada para arrancar con el acto—, ya estaba en Torrebonica, expectante y dispuesto a pasar una noche emocionante con los amigos que quisiesen darte cita allí.

Poco a poco fue llegando la gente, y sobre las diez y media, un grupo de casi cincuenta personas nos hallábamos junto a la vía del tren. Sin duda, la participación era importante y todo hacía prever que viviríamos una jornada muy interesante.

Lo primero que hice fue agradecer su asistencia a todos los presentes, y después inicié la actividad dando una breve charla en la cual puse a los asistentes al corriente —a groso modo— de la investigación que estaba llevando a cabo, aunque lógicamente omití la información más importante y reveladora que conocía, ya que era consciente de que quizá se podría haber infiltrado alguien que no buscaba precisamente mi amistad, sino todo lo contrario. Era sólo una posibilidad, pero no podía dejarla de lado.

Estuvimos cerca de tres horas vigilando el cielo e intercambiando opiniones y experiencias vinculadas a temas de misterio y parapsicología. Algunas de las personas que estaban allí, contaron vivencias que me pusieron los pelos de punta.

Prácticamente desde el inicio hubo una mujer que llamó poderosamente mi atención, se trata de Sandra; una chica de cuarenta años, muy simpática y atractiva. Su pelo negro y sus grandes ojos oscuros me cautivaron desde el primer momento, pero sin duda, lo que más me fascinó de ella fue su sentido del humor y su seriedad a la hora de tratar estos temas misteriosos que tanto nos inquietan.

Sandra era la candidata perfecta para investigar conmigo, o por lo menos eso intuía. Tuve claro que quedaría con ella en otra ocasión para conocerla un poco mejor.

Aquella noche, tras pasar tres horas vigilando el cielo, los presentes propusieron llevar a cabo una sesión de psicofonías, pero debido a que éramos muchas personas preferí experimentar con la Spirit Box, ya que los resultados serían mucho más fiables. Tenemos que tener en cuenta que para grabar psicofonías hay que estar en silencio y, claro, siendo cincuenta personas allí era un poco complicado. Sin embargo, si conectábamos la Spirit Box a la grabadora, generando un circuito cerrado, evitábamos el problema del ruido ambiente, por lo que los presentes podían hablar y moverse con total libertad, ya que el sonido que sale del aparato es recogido por la grabadora sin captar nada externo a ello. Este sistema, además, me estaba aportando muy buenos resultados en los últimos tiempos.

Paso a transcribir la grabación y los resultados.

—¿Cuántas personas estamos aquí?

—...

—¿Veremos ovnis esta noche?

—...

—¿Tienen alguna relación los ovnis con los fenómenos paranormales?

—Algunos sí.

—¿Cuál es el lugar con más misterio paranormal del país?

—Torre Salvana.

—¿Nos puedes decir tu nombre?

—…

—¿Qué esperáis de nosotros?

—…

—¿Hay alguien ahí que conozca a alguno de los que estamos aquí?
—No lo sé.

—¿Tenéis algún mensaje para nosotros?
—Ella es la que buscas.

Al escuchar esta respuesta tuve claro que era para mí, y que hacía referencia a que Sandra era la persona indicada para unirse a mi investigación. No obstante, no dije nada a los demás asistentes y me guardé la información para mí.

—¿Quién es ella?

—…

—¿Si hacemos una sesión de ouija se comunicará alguien?
—Nos comunicaremos, sí.

Resultó ser una experiencia interesante, sobre todo para las personas que se habían dado cita en el evento, las cuales no estaban acostumbradas a vivir situaciones de tal calado. Por mi parte, no era la sesión de grabación más espectacular de mi vida, pero no era menos cierto que la respuesta obtenida sobre mi afinidad con Sandra para investigar, me había dejado con una sonrisa en el rostro. Aunque tengo que serles sincero: crucé los dedos para que Sandra no fuese vidente, sensitiva, ni seguidora de temas esotéricos o de falsa espiritualidad. El motivo era evidente… Un investigador, parapsicólogo o periodista del misterio, lo que hace es investigar la videncia, el esoterismo, la nuevas corrientes espirituales, lo paranormal, etcétera. No es coherente que alguien con esas capacidades pueda investigar de forma objetiva. Además, en mi dilatada experiencia en este mundillo que había encontrado con multitud de personas afincadas a esas capacidades o creencias, las cuales no eran para nada objetivas. Ojo, esto no es una crítica, es la realidad. Por mucho que con toda la buena fe del mundo intenten ser objetivos, nunca podrán lograrlo. Yo tampoco podría ser objetivo si hablamos de Dios, por ejemplo, ya que mis creencias me harían inclinar la balanza hacia un lado. Esto es completamente normal. Ni es malo, ni es bueno, es puro sentido común.

Llegó el momento más esperado para algunos y, también el más temido para otros... La sesión de ouija estaba a punto de arrancar.

Hice una breve introducción del tema para alertar a los presentes de los peligros psicológicos que conlleva dicha práctica. El resultado de la breve charla fue que diez o doce personas prefirieron abandonar el evento en ese instante. Sandra, se quedó. Eso me alegró, pues quería ver sus reacciones en aquella situación.

Nos ubicamos junto a los coches y dimos comienzo a la experiencia.

— ¿Hay alguien ahí?
— Hola.

— ¿Quién eres?
— Martek

— Qué nombre más extraño. ¿De dónde proviene?
— No soy de vuestro planeta.

— ¿Eres extraterrestre?

—Sí.

—¿Nos quieres dejar algún mensaje?

—Sí. Este lugar donde estáis es un sitio con mucho poder energético y por eso suceden cosas que, para vosotros son extrañas e incomprensibles.

—¿Estamos en un lugar mágico?

—Es una forma de llamarlo. Hay energías y portales que sirven de enlace con otras realidades distintas a la vuestra, las cuales suelen ser espirituales o no físicas, para decirlo de alguna forma que podáis entender.

—¿Cuáles son esas otras realidades de las que nos hablas?

—Realidades mentales, astrales y espirituales.

—¿Qué características tienen los enclaves como los que mencionas?

—Son características que no os puedo describir, pues no se basan en leyes físicas.

—¿Y cómo se generan estos portales y energías que nos cuentas?

—A través de leyes cósmicas que no podéis comprender.

—¿Existen más lugares como éste?
—Muchos más.

—¿Tenemos algunos cerca?
—Muchos. Llac Petit, Hospital del Tórax, Torre Salvana, Can Busquets, Casa Lila y otros.

—¿Es peligroso investigar en estos escenarios?
—El peligro no depende del lugar, sino de la persona que experimenta. Por estos portales pueden acceder entidades negativas o positivas, pero el peligro real radica en el propio experimentador.

—¿A qué te refieres exactamente?
—La sugestión, las creencias y la superstición son el verdadero peligro.

—¿Hay personas aquí ahora mismo que no sean aptas para experimentar?
—Sí.

—Entonces lo mejor será concluir con la sesión, ¿te parece bien?

—Muy acertado.

Concluimos con la experimentación. Los asistentes estaban fascinados, algunos incluso lloraban de emoción al haberse enfrentado a una inteligencia tan grande, la cual respondió a todas nuestras preguntas. Fue sin duda, todo un éxito.

Cuando estábamos recogiendo para abandonar el lugar, me dispuse a acercarme a Sandra para pedirle su número de teléfono, pero, casualidad o no, la mujer se adelantó y me lo pidió ella. Según me dijo tenía interés en estar en contacto directo conmigo, ya que la noche de investigación le había parecido fascinante. En ese momento comenzó a forjarse un acercamiento que tiempo después desembocaría en algo más...

6

No sé si fue fruto de la casualidad, cosa de mi subconsciente o un contacto real, pero me desperté obsesionado con un lugar que había visitado en alguna ocasión. Se trataba de otro tramo de vía ubicado muy cerca de Torrebonica: el apeadero de Castellarnau.

Durante la noche, la imagen de esta vieja estación de tren, me eclipsó, repitiéndose en mi cabeza una y otra vez.

Lo primero que hice al levantarme fue encender el ordenador y acceder a diferentes hemerotecas para buscar noticias sobre este enclave. Un par de horas después, había recopilado información interesante, aunque por desgracia muy trágica. En ese tramo de vía varias personas habían perdido la vida, a priori debido a suicidios y accidentes mortales.

¿Estarán conectados los escenarios de Torrebonica

y Castellarnau?, me pregunté. Tenía que salir de dudas, así que consideré oportuno visitar esta nueva ubicación con el fin de hallar respuestas. Quería hablar con personas de la zona y, posteriormente experimentar a nivel paranormal. En ocasiones lo que se manifiesta desde el más allá me había aportado datos reveladores. No perdía nada por tentar a la suerte y acudir allí.

Había algo que no tenía claro, y era si llamar a Sandra para que viniese conmigo a la búsqueda de testigos o sólo a la investigación paranormal. En definitiva, tampoco la conocía demasiado como para contarle en profundidad todo lo que había descubierto sobre el caso de Torrebonica. Así que, finalmente opté por invitarla a tomar un café y charlar con ella tranquilamente. Dependiendo de cómo se diera nuestra reunión, haría una cosa u otra.

Agarré mi teléfono y marqué su número…

—¿Dígame?

—Hola Sandra, ¿sabes quién soy? —pregunté expectante.

—¡Claro! Eres Miguel.

—Sí —reímos.

—Me alegra mucho que me hayas llamado, Miguel.

—Y yo me alegro de que mi llamada te haya alegrado —volvimos a reír.

—Pues tú dirás.

—¿Te gustaría que quedáramos para tomar un café?

—Sí. Me parece muy buena idea.

—¿Te va bien esta tarde a las cinco?

—Me viene perfecto, Miguel.

—Pues nos vemos en la puerta del estanco de la Avenida Jacuard.

—Vale, allí estaré muy puntual. Un beso y un fuerte abrazo.

—Otro para ti, Sandra.

Por su voz intuí que estaba muy emocionada al saber que íbamos a quedar. Yo también lo estaba. Tenía claro desde el primer momento en que la vi que existía entre nosotros una fuerte conexión. ¿Me equivocaría o mi sexto sentido estaba en lo cierto?.. Pronto lo descubriría.

Exprimí el bote de gomina al máximo, me perfumé bien, aireé mis sobacos (risas) y me puse ropa de gala… A las cinco menos diez estaba como un clavo en la puerta del estanco de la Avenida Jacuard. Aproveché antes de que llegara Sandra para entrar al establecimiento y ver los libros y revistas que tenían. Sin duda, la literatura de misterio fue los que más llamó mi atención. Le eché el ojo a un libro que trataba sobre misterios ocurridos en el Vallés, y lo compré.

Al salir del estanco, Sandra ya estaba en la puerta. Nos dimos dos besos, sonreímos y nos sentamos en la terraza del bar que hay al lado. Pedimos dos cafés con leche y comenzamos a charlar.

—Sandra, no pretendo parecerte lo que no soy, pero quiero ser sincero contigo desde el primer momento. Desde que te vi en Torrebonica percibí que hay una conexión especial entre nosotros. No sé si tú has notado algo similar.

—¡Qué casualidad! A mí me ha pasado lo mismo, por eso me acerqué a ti y te pedí el número de teléfono. Es más, hoy quería comentártelo, pero te has adelantado —nos pusimos a reír.

—¿Entonces te gustaría que nos fuésemos conociendo?

—¡Claro! Me encantaría.

—¿Pero para investigar y temas de misterio o también en el ámbito personal?

—¿Te puedo ser sincera, Miguel?

—Por supuesto. Se trata de sincerarnos ambos.

—Me gustas como persona y como investigador.

Creo que haríamos buena pareja en todos los aspectos.

—Yo opino exactamente como tú —añadí.

—Pues entonces, adelante, ¿no?

—Sí. ¡Adelante, camarada! —volvimos a reír a carcajadas.

—¿Y ahora qué hacemos? —preguntó Sandra.

—Si quieres nos podemos dar un beso para sellar nuestro acuerdo —le guiñé un ojo.

—No sé... no sé... —la chica empezó a reír, y nos besamos.

Aquella tarde le expliqué toda mi investigación, poniéndola al día sobre todos los detalles que conocía. Ella había sido la elegida para formar parte de mi vida, tanto a nivel personal como profesional. Estaba completamente convencido de que formaríamos un gran equipo.

Al día siguiente nos acercamos hasta la zona del apeadero de Castellarnau, con el fin de preguntar a la gente sobre los sucesos luctuosos que habían acontecido allí.

Pasé a recoger a Sandra a las diez de la mañana, y media hora más tarde ya estábamos en el punto de destino.

Nos bajamos del coche y, agarrados de la mano, comenzamos a pasear junto a la vía del tren. Minutos más tarde, nos acercamos hasta una zona de merendero que hay en ese mismo lugar, donde varias mesas estaban ocupadas por amigos y familias. Intuimos que estaban preparando alguna celebración, por lo que optamos por no incordiarlos y buscar a alguna otra persona que estuviera paseando por allí. Un par de minutos después, dimos con una pareja que estaba con sus perros. Nos acercamos hasta ellos y les preguntamos por las muertes que habían teñido de sangre el lugar, pero aseguraron no conocer nada sobre dichos sucesos.

Tras pensar unos instantes qué hacer, Sandra tuvo una magnífica idea, ya que muy cerca, justo en frente de donde están los Mossos d´Escuadra, hay una gasolinera de grandes dimensiones. Fuimos a hablar con los empleados.

Al llegar al establecimiento preguntamos por el encargado, quien muy amablemente nos atendió. El hombre aseguraba no saber nada del tema y prefirió que no habláramos con los empleados debido a que era un tema muy delicado. Lo entendimos perfectamente y agradeciéndole su simpatía, nos marchamos de allí.

Regresamos a la zona del merendero y, en esta ocasión sí que nos acercamos a las personas que estaban en las mesas.

Nos presentamos como periodistas de sucesos e investigadores de temas insólitos y, acto seguido, les preguntamos si sabían algo en relación a los sucesos ocurridos en ese tramo de vía. El resultado fue negativo, ya que sólo habían escuchado rumores y alguna que otra noticia en prensa que recordaban vagamente.

Durante la siguiente hora preguntamos a varias personas que estaban paseando a los perros y a otras que llegaron con sus hijos, pero nadie nos aportó nada nuevo. Nos hallábamos en un punto muerto, por lo que tuvimos claro que otra vez tendríamos que tentar a la suerte y confiar en la causa paranormal, para ver si desde ese otro lado nos aportaban información de peso. Así que tomamos la decisión de volver por la noche a Castellarnau y buscar el contacto con otras realidades.

Eran las dos de la tarde y el hambre apretaba, por lo que invité a Sandra a comer. Fuimos a una hamburguesería y pedimos comida para llevar, luego pasamos por la gasolinera Q-8 y compramos unas latas de refresco y una bolsa de patatas chips. La idea era pasar la tarde en un lugar tranquilo y solitario, donde poder charlar con calmar y estrechar lazos.

El lugar elegido fue el misterioso Llac Petit, ya que durante el día es un sitio apacible, donde mucha gente se da cita para disfrutar de un entorno natural.

Aparcamos el coche a unos metros del pantano y fuimos paseando hasta el embalse. Durante el trayecto le comenté a Sandra algunas experiencias que varios testigos habían vivido en ese tramo de bosque.

Una vez que llegamos al llac, nos sentamos en unas piedras que hay junto a la orilla. Me resultó curioso no encontrar a nadie por allí, quizá era debido a la hora, ya que supuse que la gente estaría comiendo.

Instantes más tarde, mientras saboreábamos las deliciosas hamburguesas, Sandra me dijo algo que no esperaba. Me lo contó así: «Miguel, hay algo que no te he explicado. Me interesé por estos temas porque una amiga muy cercana perdió la vida hace unos años, y ello me llevó a sentir la necesidad de profundizar en cuestiones trascendentales. Tengo que decirte que hasta el otro día en Torrebonica no había experimentado con temas paranormales, ni había vivido ninguna situación extraña. Durante estos años que te comento, lo que hice fue buscar información y documentarme en profundidad, por eso creo que estoy preparada para iniciar este viaje como investigadora contigo».

Ya tenía claro que era la persona indicada para formar parte de mi vida a nivel personal y profesional, pero conocer su historia me lo ratificó una vez más.

Pasamos varias horas hablando y en una situación muy cariñosa. Sin duda, nuestra conexión era fuerte y ambos teníamos claro que la relación amorosa que acabábamos de iniciar iría a más. Habíamos superado ese primer punto de nerviosismo y timidez que surge cuando empiezas a conocer a alguien. Aquella tarde estrechamos lazos de forma definitiva. La unión entre ambos se había consolidado y la relación de pareja era evidente.

A las siete de la tarde decidimos irnos del pantano. Nos acercamos hasta la terraza de un bar en la Avenida Francesc Maciá, donde nos sentamos a tomar una limonada.

Decidimos ir a cenar a un restaurante chino y, posteriormente a realizar la investigación de campo al apeadero de Castellarnau.

Menudo atracón de comida nos dimos. Yo, como siempre, pedí entre otras cosas el famoso pollo al limón que tanto me gusta. Sandra se puso hasta arriba de gambas picantes, otro de mis platos favoritos, así que le "robé" alguna que otra (risas). Y de postre, nata con nueces, todo un clásico que me encanta.

A las once de la noche llegamos al apeadero y, como habíamos supuesto no había nadie. El entorno era ideal para llevar a cabo la experimentación. Así que sacamos los aparatos y nos situamos junto a la vía del tren.

La primera toma de contacto con el lugar fue a nivel psicofónico, llegando a registrar varias voces curiosas.

—¿Cuántas personas han muerto aquí?
—Varias.

—¿Han presenciado algún asesinato estas vías del tren o su entorno?
—...

—¿Nos puedes dar el nombre de alguna víctima?
—...

—¿Qué relación tiene este apeadero con el de Torrebonica?
—Tragedia.

—¿Sabes algo de sectas o grupos extraños vinculados a este lugar?

—…

—¿Tienes algún mensaje para nosotros?

—Escapa.

—¿Corremos peligro al investigar este tema?

—…

—¿Quién nos puede ayudar a avanzar en la investigación?

—…

—Vamos a cortar la grabación, si queréis decirnos algo ahora es el momento.

—…

Registramos pocas voces, pero su contenido y calidad eran a tener en cuenta. No obstante, no habíamos conseguido avanzar en el transcurso de la investigación, por lo que propuse a mi compañera —¿o debería decir a mi novia? — probar con la Spirit Box, ya que como saben, las voces que se captan son de mayor calidad y bastante más fluidas.

Para llevar a cabo esta experiencia decidimos cambiar de lugar y nos desplazamos a la zona del merendero, concretamente a la última mesa que hay en la explanada.

—Estamos aquí porque queremos información sobre las muertes ocurridas en este lugar. ¿Alguien nos puede ayudar?

—...

—¿Queremos saber cuántas personas han perdido la vida en este tramo de vía?

—Hombres y mujeres.

—¿Varios hombres y mujeres han muerto aquí?

—Sí.

—¿Alguien ha sido asesinado?

—Sí.

—¿Quién?

—...

—¿Nos podrías dar el nombre de alguna persona a la que hayan asesinado aquí?

—…

—¿Por qué no nos das información?
—Es peligroso.

—No te preocupes, asumimos el riesgo. ¿Nos das algún nombre?
—No.

—Buenos, pues dinos cómo podemos avanzar en la investigación.
—Déjalo ahora que puedes, Miguel.

—¿Estamos en peligro?
—Tú lo estás.

—¿Hay gente interesada en que todo permanezca oculto?
—Claro que sí.

—¿Quiénes son?
—…

—¿No nos vas a dar más datos?
—…

—Nosotros vamos a seguir investigando, con tu ayuda o sin ella.

—...

—Vamos a concluir con la experiencia, si quieres decirnos algo más, hazlo ahora.

—...

Tengo que reconocer que Sandra se asustó un poco al escuchar cómo estas voces de origen desconocido nos alertaban de que estábamos en peligro. Sin embargo, fue un susto fugaz, porque instantes después me dijo que quería llegar al fondo de la investigación. Coincidía con ella en que había que destapar los misterios y secretos de Torrebonica, los cuales quizá también podían tener relación con Castellarnau, aunque no lo sabíamos a ciencia cierta.

Hicimos una pausa en la investigación y nos acercamos hasta la gasolinera para comprar una botella de agua y unos refrescos. La comida del chino está muy rica, pero también da un poco de sed, sobre todo si te hartas de comer, como fue nuestro caso.

Unos minutos más tarde, ya habíamos regresado de comprar, así que nos sentamos en la primera mesa del merendero y nos bebimos los refrescos.

Al levantarnos para volver a la investigación, Sandra me dio un intenso abrazo y me dijo que se alegraba de haberme conocido. Para mí fue un momento muy especial y emotivo, el cual terminó en un fogoso beso.

Cuando nos disponíamos a ir al tramo de vía para realizar la sesión de ouija, pensamos que quizá sería más cómodo llevarla a cabo en una de las mesas del merendero, por lo que optamos en primer momento por ubicarnos en una de ellas, pero rápidamente caímos en que junto a la vía hay un murete que es perfecto para colocar el tablero, por lo que bajamos a esa zona y dimos comienzo a la sesión.

—Buenas noches, ¿hay alguien ahí?
—Hola.

—¿Cómo te llamas?
—Javier.

—¿Estás muerto, Javier?
—Sí.

—¿Has fallecido aquí o tienes alguna vinculación con este lugar?

—Yo directamente no, pero alguien muy cercano a mí sí.

—¿Alguien muy cercano a ti murió en este tramo de vía?

—No.

—¿Entonces?

—Una persona muy querida por mí solía venir a este lugar a avistar ovnis.

—¿Y esa persona está viva?

—Murió hace poco.

—¿Falleció aquí?

—No.

—¿De qué murió?

—Por una enfermedad. No fue por nada extraño.

—¿Sabes que estamos investigando algunos casos relacionados con este lugar y con otro apeadero que hay cerca?

—Lo sé. Llevo rato escuchándoos hablar.

—¿Nos puedes aportar información veraz que nos haga avanzar en esta investigación?

—Sí.

—Pues cuéntanos, Javier.

—La persona de la que os hablo era mi primo. Tenéis que saber que era un chico normal y corriente, pero tuvo la mala suerte de toparse con las personas equivocadas.

—¿A qué te refieres exactamente?

—Le apasionaban los ovnis y la parapsicología, por lo que a veces acudía a congresos y reuniones de amigos del misterio. En una de estas citas conoció a un grupo de personas que no debería haber conocido. Os hablo de una secta de tipo ufológica y esotérica.

—¿Qué le hicieron?

—Cuando mi primo se dio cuenta de que era una secta e intentó apartarse del grupo comenzó a recibir amenazas serias, hasta tal punto que le quemaron el coche y varios tipos extraños lo abordaron por la calle en varias ocasiones para amedrentarlo. Mi primo tenía claro que si hablaba, era hombre muerto.

—¿Tú crees que esa gente estaría dispuesta a llegar hasta ese punto de matar a alguien?

—Han matado a varias personas, les daría igual matar a más.

—¿Pudo salir tu primo del acoso de la secta?

—En las últimas semanas de vida recibió varias amenazas en las cuales les decían que si hablaba matarían a su familia. El grupo era consciente de que estaba a punto de morir, por lo que sabían que podía hablar en cualquier momento, por eso le dejaron claro que si decía algo matarían a su familia. Mi primo nunca denunció la actividad de la secta, ni siquiera hizo pública la información de la que disponía.

—¿Cómo se llama este grupo sectario?

—No tienen nombre oficial, ya que se venden de cara a los demás como un grupo de amigos interesados por estos temas.

—¿Sabes si llevan mucho tiempo activos?

—Algunos años, pero no sabría decirte cuántos.

—Comentabas que este grupo había matado a varias personas. ¿Y la Policía no los ha investigado?

—Digamos que han inducido al suicidio a varias personas, por eso no han sido investigados, ya que no tienen las manos manchadas de sangre.

—Por lo que intuimos, esta gente no tiene un grupo con nombre oficial, ni tendrán página en Internet y quizá tampoco en redes sociales, ¿es así?

—Así es. No tienen vida dentro del mundo virtual, y para poder unirte al grupo y acudir a reuniones o actividades tienes que hacerlo mediante invitación personal.

—¿Cómo captan a la gente entonces?

—Muy sencillo. Algunas personas de la secta acuden a congresos, conferencias y reuniones que tienen que ver con estos temas. Allí seleccionan a personas con el perfil que buscan y se intentan ganar su confianza, para después, poco a poco, ir introduciéndolos en el grupo.

—Hay algo que no nos ha quedado claro. ¿Por qué han inducido a varias personas al suicidio?

—Es una manera de realizar sacrificios humanos a los demonios.

—¿Entonces es una secta demoníaca?

—El fin del grupo es adorar a los demonios para recibir a cambio supuestos favores y poderes terrenales.

—¿Hay alguna manera de poder conocer a antiguos miembros de la secta?

—Ninguno querrá hablar, los tienen amenazados de muerte tanto a ellos como a sus familias.

—¿Y cómo podemos conocer a miembros en activo?

—Es muy peligroso.

—Nos da igual, queremos profundizar en la investigación. No podemos permitir que esta gentuza siga matando a inocentes.

—A veces se reúnen en la montaña de Tivissa para ver ovnis.

—Pero ir a Tivissa y sin saber el día concreto es

como buscar una aguja en un pajar. ¿No hay otra forma de acceder a ellos?

—Si no os importa jugaros la vida entonces acudid a una tienda esotérica que os voy a decir. El propietario es uno de ellos.

—¡Pues dinos! ¿Qué tienda es y dónde está?
—La tienda se llama «............» y está ubicada en «...........».

—¿Tienes más información para nosotros?
—No. Ahora tengo que irme.

—Vale. Muchas gracias por todo.
—Adiós.

¡Impresionante! No sé si la energía positiva que transmitíamos Sandra y yo hizo que la sesión de ouija fluyera de aquella manera, pero lo cierto es que recibimos una información muy valiosa. No obstante, teníamos que comprobar que todo lo que nos habían dicho en el tablero era cierto, ya que como saben, la ouija puede mentirnos y, de hecho, es lo habitual.

Al concluir la experiencia recogimos los bártulos y dimos por terminada la investigación.

Antes de dejar a Sandra en su casa nos sentamos dentro del coche a charlar tranquilamente. El desenlace de la conversación terminó en una situación muy cariñosa, aunque la cosa no pasó a mayores.

Aquella noche dormí muy tranquilo y relajado, sabía que estaba en el buen camino para acercarme a la verdad sobre las muertes, secretos y misterios que asolaban Torrebonica.

A partir de ese momento, la investigación cogería un rumbo muy peligroso y complicado. No tenía ni puta idea de la que se me venía encima. ¡Qué Dios me pillara confesado!

7

El siguiente paso dentro de la investigación era delicado, ya que tenía que visitar la tienda esotérica de uno de los miembros de la secta, siempre y cuando la información obtenida mediante la ouija fuese cierta.

Tras meditar sobre este asunto, opté por comentarle a Sandra que no viniera conmigo, pues consideraba que podía ser peligroso y prefería tantear el terreno solo, pero se negó a quedarse fuera. Tengo que reconocer que su valentía me sorprendió. Ese día tuve claro que era una mujer muy brava y con profundas inquietudes por investigar estos temas, sin importarle los peligros que en ocasiones pueden surgir.

A las cinco de la tarde entramos en la tienda… Un hombre de unos cuarenta años de edad, nos atendió.

—Buenas tardes, pareja. ¿Qué desean?

—Buenas tardes —respondimos ambos.

—Díganme, ¿en qué puedo ayudarles? —insistió el hombre.

—Queremos unas velas y unas varillas de incienso.

—Perfecto. Ahí tienen las velas y al lado los inciensos. ¿Lo eligen ustedes mismos o les ayudo yo?

—Que lo elija mi mujer, son para ella. A mí me interesan más otros temas, como por ejemplo los ovnis, la vida en el Universo, los extraterrestres, etcétera.

—Un tema muy interesante —añadió el tendero.

—¿No tendrá algún libro sobre esta materia?

—Pues sí, la verdad es que tengo varios. Yo también soy un apasionado de la ufología. A veces incluso voy a ver las estrellas.

—¡Qué interesante! ¿Y alguna vez ha visto un ovni?

—Varias veces, pero no suelo explicarlo porque hay mucha gente que no cree en estos temas.

—Lo sé. Una vez fui a una reunión que hicieron en Montserrat para ver las estrellas y posibles ovnis, pero no me gustó porque había mucha gente que no se lo tomaba en serio. Ojalá algún día conozca a un grupo que se lo tome en serio, para poder ir con mi mujer.

—Hay muchas personas que salen los fines de semana a avistar ovnis. Yo a veces voy con un grupo y, la verdad es que se lo toman muy en serio.

—¡Qué bien! —exclamé, haciéndole el sorprendido.

—Hace dos semanas estuvimos en Tivissa.

—Si alguna vez hacen una reunión pública donde pueda asistir todo el que quiera, me gustaría ir. ¿Tienen redes sociales?

—Supongo que a título personal sí tendrán, pero no como grupo. Ya le he dicho que es algo muy íntimo y personal. Esta gente no busca protagonismo ni popularidad, sólo conocimiento y sabiduría a través de la experiencia.

—Como seguiremos viniendo a comprar a la tienda, si se entera de alguna reunión donde se pueda asistir, me avisa, por favor. Estamos muy interesados en el tema, sobre todo yo.

—Este sábado hay una nueva quedada en Tivissa. Si de verdad les interesa venir yo puedo hablar con ellos. Seguro que no me ponen ninguna pega... Por cierto, ¿nos tuteamos? Creo que nuestra relación va a ir más allá de comerciante y clientes.

—Sí, me parece lo más adecuado —sonreímos.

Salimos de la tienda con la sensación de haber llevado a cabo un trabajo bien hecho. Habíamos conseguido en tiempo récord que uno de los sectarios nos invitara a una de sus reuniones. Se avecinaba el momento de la verdad. El riesgo al que nos estábamos exponiendo era inmenso, pero nuestra fe y confianza nos aportaban la energía positiva que necesitábamos.

Para celebrar el éxito que acabábamos de conseguir nos fuimos a cenar a un hotel... con habitación incluida. Pasamos una noche romántica y llena de pasión, en la cual nuestros lazos afectivos terminaron por unirse del todo.

Por la mañana nos levantamos a las once, nos dimos una ducha y dejamos la habitación del hotel. Fuimos a desayunar algo rápido al bar que había en la esquina, donde pudimos saborear dos zumos de naranja naturales y un par de mini bocatas de queso. La vitamina C nos vino de perlas para recuperar fuerzas, la noche había sido movidita... ya me entienden.

Al salir del bar llevé a Sandra a su casa y yo me fui a la mía. Quedemos en vernos al día siguiente.

Aproveché estas horas antes de volver a reencontrarme con mi querida novia para leer, escribir y escuchar música. Me prometí a mí mismo que no encendería la televisión, ni el ordenador, ni tampoco usaría el teléfono móvil a no ser que recibiera una llamada. Quise desconectar del mundo terrenal y virtual. Necesitaba aislar mi mente de todo lo mundano, ya que era consciente de que el próximo sábado tenía que tener la mente despejada y las pilas cargadas. No sabíamos exactamente qué nos íbamos a encontrar en Tivissa, pero lo que estaba claro es que pasaríamos varias horas perdidos en mitad de la montaña con personas de una peligrosa secta. Además, iríamos de noche... ¡Lo sé!, seguramente usted estará pensando que tanto Sandra como yo, estamos locos... Puede que así sea, pero esta condición de lunático va en mi ADN.

Transcurrido el día de espera volví a verme con mi novia, estaba tan guapa como siempre. Fuimos a pasear por el centro de la ciudad y a comernos un frankfurt en uno de los bares típico de la zona. Yo lo acompañé de una limonada con hielo, y Sandra con un refresco de cola.

Una vez que empezaba a oscurecer, propuse ir a ver las estrellas un rato a la famosa Montañeta de Terrassa, donde según algunas fuentes, también estuvieron en varias ocasión Juan Turu y José Félix.

Pasamos un par de horas observando el firmamento, sin hallar ninguna evidencia de la existencia de objetos volantes no identificados en nuestra ciudad.

Como podrán imaginar —el lugar invita a ello— terminamos acaramelados dentro del vehículo, dándonos besos y abrazos cargados de amor y fogosidad.

El amor que se había despertado entre ambos era

tan bonito que teníamos miedo de que alguna vez terminara, ninguno de los dos habíamos sentido nada parecido en toda nuestra vida. Es curioso, pero me aterraba más un fracaso amoroso que enfrentarme a cualquier fenómeno paranormal o secta terrible.

La espera hasta llegar al día marcado en el calendario para acudir a Tivissa se me hizo relativamente corta, quizá porque sólo faltaban un puñado de horas desde que dejé a Sandra en su casa, una vez que regresamos de la Montañeta. La cuestión es que el sábado llegó y no teníamos ni puñetera idea de lo que nos íbamos a encontrar allí.

El extraño hombre del centro esotérico nos había citado en un bar ubicado cerca de la montaña donde pasaríamos varias horas vigilando el cielo.

Pusimos las coordenadas del destino en el GPS y partimos hacia el bar de reunión. Según el navegador del coche, en poco más de una hora y media estaríamos allí.

Durante el trayecto mantuve una distendida charla con mi novia, en la cual bromeamos sobre cuestiones muy serias que tenían relación con lo que nos podíamos encontrar aquella noche en plena montaña. Sin duda, llevamos la preocupación que sentíamos con respecto a la secta, al lado más humorístico, para restarle importancia y sobrellevar la complicada situación que teníamos por delante.

A las seis y media de la tarde, llegamos al bar de destino. Tras aparcar el vehículo, nos bajamos y accedimos al establecimiento. Nos sorprendió verlo vacío, pero no le dimos mayor importancia, pensamos que quizá los lugareños estaban durmiendo la siesta y, como sucede en otros sitios, salen a tomar cañas a partir de las ocho o las nueve de la noche.

Nos sentamos en una mesa, pedimos dos cafés con leche y esperamos a que vinieran nuestros anfitriones de la ufología. Veinte minutos más tarde, el propietario del centro esotérico hizo acto de presencia. Al vernos nos dedicó una sonrisa... Iba acompañado de una mujer, muy alta y guapa, por cierto.

Una vez que se produjeron las presentaciones de cortesía, la pareja se sentó en nuestra mesa y comenzamos a charlar...

Transcurridos diez minutos, la mujer nos invitó a marcharnos. Según nos habían explicado, el resto de componentes del grupo se encontraba en plena montaña preparando un equipo de visionado. Luego supimos que se trataba de ordenadores, telescopios y algún que otro cacharro que no supe identificar. Los tipos estaban preparados y parecían profesionales, por lo que no era de extrañar que consiguieran engatusar fácilmente a sus víctimas. Aunque en esos momentos desconocía cuál era la técnica que utilizaban para conseguir inducir a las personas al suicidio, pero estaba dispuesto a averiguarlo.

Una vez que llegamos al punto concreto de Tivissa donde se iba a llevar a cabo la experiencia ufológica, pude ver por primera vez al grupo completo de personas con las que pasaríamos la noche juntos. Había un total de cuatro mujeres —cinco contando a Sandra— y cinco hombres además de mí.

Como se suele decir habitualmente, nos presentaron en sociedad y comenzamos a charlar. Tengo que reconocer que el comportamiento de aquellas personas era de lo más normal, por lo que de no saber la parte oscura que escondían, jamás habría pensado que fuesen una secta. No obstante, tuve claro desde el primer instante que esa habilidad para disimular su ADN sectario se debía a horas de entrenamiento, por lo que permanecí en alerta durante toda la noche.

Estuvimos contemplando planetas, satélites y algunos supuestos misterios atmosféricos que se produjeron. La verdad es que el equipo técnico que utilizaban era de lo más moderno y avanzado.

Sobre las dos de la madrugada el grupo se dividió en dos, por un lado las mujeres y por otro los hombres. Nosotros nos quedamos junto a los aparatos, mientras que ellas se desplazaron unos doscientos metros. La verdad es que no entendí a qué se debía esta división, pero no pregunté nada para no levantar sospecha. Eso sí, me preocupaba que pudieran hacerle algo a Sandra, por lo que diez minutos más tarde puse una excusa para ir hasta donde se hallaba ella.

Al llegar a la zona donde estaban las chicas le dije a mi novia que había ido para llevarle un walkie talkie, por si querían contactar con nosotros o realizar alguna experiencia de aislamiento. Yo me quedé con el otro aparato.

Al comprobar que Sandra estaba bien, regresé hasta el lugar donde se hallaban los hombres, para evitar levantar sospechas.

Lo que no sabía nadie, ni siquiera mi novia, ya que no pude decírselo delante de las chicas, es que había incrustado un trocito de cáscara de pipa en el botón de emisión del walkie, para que el aparato emitiera de forma continuada. Así, una vez alejado de ellas, podía encender el mío y escuchar lo que estaba pasando allí.

De esta forma podía saber si Sandra se encontraba bien en todo momento.

Una vez ubicado nuevamente junto a los chicos, me las tuve que ingeniar para poder alejarme del grupo unos instantes y comprobar que mi estrategia había funcionado. Tenía dudas de que el apaño que le había hecho al aparato aguantase mucho tiempo, pero me equivocaba, había incrustado la pipa tan fuerte que mi plan salió perfecto... Aunque tengo que decirles que lo que escuché a través del walkie talkie me dejó estupefacto y destrozado. Me llevé la hostia más fuerte que jamás había recibido en mi vida. Fue como una puñalada en mitad del corazón. Fíjense si me impactó que incluso me caí al suelo desfallecido. Tardé un par de minutos en recuperarme parcialmente.

Paso a transcribir la conversación entre Sandra y una mujer del grupo.

—Bueno Sandra, veo que la cosa fluye con el susodicho.

—Sí. Todo va sobre ruedas, lo tengo prendado de mí.

—¿De verdad está dispuesto a llegar al final?

—Sí. Este tío es un cabezota y no se rinde fácilmente. Hasta el momento no he intentado disuadirle de que nos investigue, para que no se huela nada, por lo que le he seguido la corriente y lo he animado a investigar.

—Entiendo, Sandra, que la finalidad de tu insistencia es para saber hasta dónde está dispuesto a llegar, ¿verdad?

—Exacto. Ahora ya sé que si no lo paramos va a intentar destaparnos y meternos en problemas. Creo que hay que terminar con él como sea.

—¿Crees que hay que matarlo?

—Sí. —Sandra quería verme muerto, era una de ellos.

—¿Las amenazas no sirven con él no?

—Creo que no.

¡Me caí de culo! Sandra era un miembro más de la secta… Yo, el que quería infiltrarse en el grupo, había sido víctima de una infiltrada. ¡Qué curioso!

Era consciente de que estaba en peligro, y la verdad es que no tenía ni idea de cómo salir de allí. El coche en el que habíamos venido era de la chica y la distancia desde el punto donde nos encontrábamos hasta el pueblo más cercano era de seis o siete horas caminando, además era de noche y mi linterna apenas alumbraba.

Sabía que si me quedaba allí podría terminar muerto, por lo que necesitaba idear un plan…

Me acerqué al grupo de hombres y pregunté si alguien tenía papel higiénico. Con la excusa de tener que cagar dispondría de diez o quince minutos para poder pensar en plena soledad.

Cogí el rollo de papel y me ubiqué detrás de los coches, a unos veinte metros de distancia de los vehículos y casi a ochenta del grupo. Allí me surgió una idea nada más llegar… No era la más brillante que podía haber imaginado, pero cuando uno tiene que sobrevivir como sea se agarra a un clavo ardiendo.

Decidí tomar el walkie, una botella de agua, un paquete de galletas y mi linterna. Acto seguido empecé a caminar a paso ligero por la montaña, con el fin de encontrar un lugar donde esconderme y que estuviera alejado de donde estaba la secta. La idea era esperar a que se hiciera de día, y una vez que se hubiesen marchado, saldría caminando hasta el pueblo más cercano. Una vez que llegara allí ya vería lo que hacía. Así que caminé más de cuarenta minutos hasta encontrar una zona que me pareció adecuada para esconderme, ya que hay mucha maleza, arbustos, vegetación, etcétera. Si me buscaban por esa zona les sería complicado verme con facilidad. Sentía que estaba seguro, aunque no me fiaba del todo, por lo que apagué la linterna y guardé absoluto silencio.

Minutos más tarde recordé que llevaba el walkie encima, por lo que lo encendí para ver si podía escuchar lo que hablaban, pero al parecer se dieron cuenta de mi artimaña porque ya no emitía señal. En ese momento supe que se habían percatado de mi huida. ¿Sobreviviré a esta noche?, me pregunté una y otra vez mientras me agazapaba entre la maleza del campo.

Varias horas más tarde se hizo de día y seguía sin tener noticias de la secta. No sabía si continuaban por allí o si se habían marchado, por lo que encendí el walkie nuevamente para ver si captaba algo, pero el resultado fue nulo.

Debía tomar una decisión ya, y no sabía si emprender el camino dirección al pueblo o esperar varias horas más para asegurarme de que se hubiesen marchado. Lo pensé varios minutos y, finalmente opté por emprender la marcha en ese instante. Agarré un palo que vi en el suelo y comencé a caminar. No sabía si aquella gente tendría armas, por lo que me sentía más seguro portando el palo.

Dos horas más tarde, escuché el sonido de varios

coches que se acercaban por el camino. Rápidamente me escondí a unos cincuenta metros de la pista de tierra, para poder ver sin ser visto. Los vehículos pasaron por delante de donde me encontraba y pude comprobar que no eran ellos, así que retomé mi marcha hasta llegar al pueblo.

Estaba destrozado, apenas había comido unas galletas y bebido una botella de agua. La sed, el hambre y el cansancio me ahorcaban por momentos. ¡Necesitaba comer, beber y dormir! Metí mi mano en el bolsillo para sacar mi cartera y ver el dinero que llevaba, pero en ese instante recordé que la había dejado en el coche de Sandra, junto a sus pertenencias. ¡Estaba sin dinero y sin identificación! Tuve claro que debía acudir a la Policía para que me ayudara.

El único establecimiento del pueblo abierto era un pequeño bar. Entré y pedí un vaso de agua, para posteriormente solicitar ayuda.

—Buenas tardes, ¿me podría dar un vaso de agua?

—Hola. Sí, por supuesto. Parece cansado, amigo. ¿Se encuentra bien? —me preguntó el camarero.

—Más o menos. Me he perdido en la montaña y he pasado la noche a la intemperie. Además llevo casi diez horas caminando.

—Siéntese, le pondré algo de comer y beber.

—Se lo agradecería mucho, pero no tengo dinero, he perdido la cartera en la montaña. ¿Sabe dónde puedo localizar a la Policía en este pueblo?

—¿A la Policía para qué?

—No tengo dinero ni medios para ir a casa. Supongo que ellos podrán ayudarme.

—¿No puede llamar a alguien para que venga a buscarlo?

—Pues la verdad es que no —agaché la cabeza.

—¿Dónde vive?

—A casi dos horas en coche de aquí —volví a agachar la cabeza.

—Puedo hablar con alguien del pueblo para que lo lleve.

—¿De verdad? —me sorprendió gratamente aquella propuesta.

—Sí. Aquí somos muy hospitalarios —el hombre sonrió.

—Le prometo que les pagaré con creces todo lo que están haciendo por mí —le di una palmada en el hombro.

—Ahora le preparo algo para comer. Aquí tiene agua, vino y gaseosa.

Diez minutos más tarde, el adorable camarero apareció con una bandeja llena de embutido y otra con torradas de pan con tomate y aceite. ¡Aquello era sólo el aperitivo!

Veinte minutos después, nuevamente hizo acto de presencia para traerme una bandeja de carne a la brasa... Con el embutido me había quedado satisfecho, pero no podía hacerle un feo dejando la carne allí, ya que se estaba portando muy bien conmigo, y hay que ser agradecido.

Comí hasta el límite... No fui capaz de probar el postre, pero sí me tomé un café con hielo.

Estaba a punto de reventar y el sueño me apretaba tanto que los ojos se me cerraban. Al verme así, el amable hostelero me invitó a pasar al almacén, donde tenía una pequeña zona habilitada con un colchón. Allí se echaba las siestas algunas tardes cuando cerraba a mediodía. Agradecido por ofrecerme un camastro donde dormir un par de horas, le di un fuerte apretón de manos y mi agradecimiento más sincero.

Me acosté y no tardé ni cinco minutos en caer rendido, el sueño me había vencido.

8

No sé cuántas horas había dormido, pero supuse que muchas, ya que al despertar había perdido la noción del tiempo y me dolía todo el cuerpo.

Me levanté del camastro y fui hacia la puerta, pero al intentar abrirla me di cuenta de que estaba cerrada. Golpeé varias veces con mi puño, pero nadie respondía al otro lado... Supuse que sería muy tarde y que quizá el propietario del bar se había ido a su casa, dejándome allí para que descansara. Aunque sinceramente, me pareció extraño.

Me senté a esperar... Fueron pasando los minutos y las horas, pero allí no aparecía nadie.

Para matar el tiempo e hipnotizado por la desesperación, comencé a hurgar en el almacén... Minutos más tarde, di con algo que me impactó.

Al abrir un cajón hallé varios recortes de prensa

que llamaron mi atención, en ellos aparecían noticias sobre suicidios acaecidos en Torrebonica, Castellarnau y otros tramos de vía. Todo apuntaba a que esos supuestos suicidios eran aquellos que la secta había inducido. Sería mucha casualidad que no fuese así.

Tras leer la documentación encontrada fui consciente de que el bar donde me hallaba era propiedad de un miembro de la secta o, al menos tenía relación directa con ellos.

Busqué la forma de salir de allí, incluso intenté derribar la puerta, pero todos mis intentos por escapar cayeron en saco roto.

Unas horas más tarde, todo llegaría a su fin.

La puerta se abrió, y ante mí apareció el camarero, portando una pistola en su mano derecha. Me pidió que me tumbara en el suelo boca abajo. Me ató las manos y los pies, para posteriormente amordazarme la boca.

Sin darme explicación alguna, me dejó allí tumbado.

Unos minutos más tarde, nuevamente se volvió a abrir la puerta… Ante mí aparecieron varias de las personas que había conocido en la montaña de Tivissa. En ese instante supe que mi vida corría serio peligro.

Uno de los hombres me dijo que dentro de un rato me soltaría, pero que de momento tenía que permanecer atado y en silencio.

Se marcharon y volvieron a cerrar la puerta. Pasados unos minutos empecé a escuchar voces y murmullos que provenían del bar. No sabía si eran clientes o qué demonios estaba sucediendo, así que mi mente imaginativa y aterrada comenzó a fantasear con la idea de que quizá estaban debatiendo sobre mi futuro, para tomar la decisión de matarme o dejarme vivir. Pasé auténtico terror, fueron momentos de auténtica incertidumbre, en los que el corazón me latía a mil por hora. Sin duda, viví la experiencia más terrorífica de toda vida, ajeno a lo que iba a suceder poco después.

Nuevamente la puerta se abrió, y dos hombres que no había visto nunca se acercaron hasta mí. Me quitaron la mordaza de la boca y me sentaron en una silla. Mis manos y piernas seguían atadas.

Uno de ellos se dirigió a mí para entablar una conversación. El otro miraba y escuchaba atentamente, como en estado de alerta.

—¿No te podías haber quedado quieto no? Tenías que meter las narices donde no te importa. ¿Qué hacemos ahora contigo? —dijo mirándome fijamente.

—¿Vais a matarme? —pregunté asustado.

—Eso deberíamos hacer, pero de momento vamos a intentar solventar la situación por otras vías, aunque si vemos que no colaboras no nos dejarás otro remedio que liquidarte.

—Entiendo. ¿Qué me proponéis para que salve mi vida? —dije intentando disimular el miedo que me acechaba.

—Sabemos que eres un gran investigador y que sientes muchas inquietudes con respecto a temas vinculados al misterio. Queremos que trabajes para nosotros.

—¿Qué trabaje cómo? —no entendía nada.

—Es fácil, tienes que unirte a nuestro grupo y hacer todo lo que te digamos.

—¿No me estaréis pidiendo que mate gente o que las induzca al suicidio no?

—¡Harás eso y lo que haga falta! ¿Acaso prefieres morir ahora mismo? —señaló su cuello y pasó por él su dedo pulgar, como insinuando que me degollaría.

—¡Está bien, está bien! —grité.

—Así me gusta, que colabores. Por cierto, para entrar en la organización tendrás que llevar a cabo una tarea que te vamos a asignar y poder asegurarnos que luego no nos delatas.

—¿En qué consiste esa tarea? —pregunté muy nervioso.

—Tranquilo, hombre, lo sabrás a su debido tiempo. Por el momento te quedarás en el bar. Te vamos a desatar, pero no hagas ninguna tontería o mis compañeros no dudarán en matarte. Son de gatillo fácil, ya me entiendes. Además estas dos moles que hay fuera del almacén son expertos en artes marciales, por lo que te aconsejo que no te hagas el héroe.

—Vale. No haré ninguna tontería.

Me desataron y me dieron la libertad de deambular libremente por el bar que, como podrán imaginar se encontraba sellado por todas partes, para evitar que me escapara. También me dijeron que podía comer y beber todo lo que quisiera.

Me encontraba en una situación tan delicada que mi vida pendía de un hilo, así que para intentar sobrellevar la situación opté por beber un poco de alcohol... Bueno, en realidad me tomé casi una botella entera de ron.

Mi estado de embriaguez me hizo envalentonarme por momentos, hasta tal punto que intenté estrechar lazos con las personas que estaban allí, dándoles conversación y hablando de temas muy variados, desde fútbol y política, hasta de ufología y parapsicología.

Tengo que reconocer que los tipos fueron muy cordiales conmigo y mantuvimos una charla muy distendida. Eso sí, mi cabeza no podía dejar de pensar que mi vida estaba en peligro, pero el alcohol apaciguaba mi ansiedad.

Estaba a punto de amanecer cuando uno de los hombres me metió de nuevo en el almacén y cerró la puerta. No me dio ninguna explicación, tan sólo me dijo que mantuviera la calma y que permaneciera en silencio.

Mientras estuve encerrado pude escuchar ajetreo en el bar, intuyendo que algo se estaba cociendo. Lo que no podía llegar ni a imaginar era el escenario que me iba a encontrar una vez que me sacaron de allí. ¡Fue terrible! Me cuesta contarlo porque es muy desagradable, pero haré un esfuerzo.

La puerta se abrió y uno de los hombres me dijo que ya podía acceder a la zona del bar. Al entrar los pelos se pusieron de punta. Ante mí pude contemplar una escena que me destrozó emocionalmente.

La secta había preparado lo que parecía ser un ritual satánico. En mitad de la sala había desplegada una enorme alfombra con grandes símbolos demoníacos. Justo en medio había ubicado una especie de altar en forma de cama. Pensé que me iban a sacrificar a los demonios, pero me equivocaba...

Una mujer que estaba allí dijo al resto de presentes que era el momento de rendir culto. Me invitaron a que me sentara en una de las sillas que había alrededor del altar y, acto seguido aparecieron dos hombres más que traían a una mujer, atada, amordazada y desnuda. En ese momento supe que no iba a ser yo el sacrificado, sino aquella pobre chica, la cual no tendría más de veinte años.

La colocaron encima de aquella camilla y le quitaron las ataduras de las manos y los pies, para atarla nuevamente a la cama. La chica intentaba soltarse, no paraba de luchar por su vida a la vez que sollozaba llorando y empapando toda la alfombra de lágrimas y babas.

Una vez que la sujetaron bien, el hombre que había hablado conmigo en el almacén y que me había propuesto que me uniera al grupo a cambio de salvar mi vida, se dirigió a mí.

—Bueno, ya está todo preparado para que cumplas tu cometido.

—¿Qué queréis que haga? —me temía lo peor.

—Queremos que hagas un sacrificio humano para los demonios. Lo grabaremos en vídeo para tener la prueba gráfica de que has torturado y asesinado a una persona. De esta manera si alguna vez se te ocurre denunciarnos, tú serás el primero en caer, ya que haremos pública la grabación.

—¿Me estáis pidiendo que mate a esta chica? ¡No puedo hacer eso! —exclamé confuso y lleno de rabia.

—Si lo prefieres la quitamos a ella y te ponemos a ti. Decide tú mismo.

—Soy incapaz de matar a alguien, tiene que haber otra forma de solucionar esto.

—Aquí las normas las ponemos nosotros. Decide ya. ¿Tú o ella?

—¿Me podéis dar unos minutos para que lo piense? Os lo pido por favor. Dejadme solo un momento en el almacén para que pueda tomar una decisión.

—Quiero que sepas que no estás en posición de exigir, pero bueno, te dejaremos diez minutos para que piensen si tu vida es más valiosa que la de esa putilla.

Entré en el almacén y cerré la puerta. No sabía qué hacer, pero de lo que estaba seguro es que no iba a matar a nadie.

Tras unos instantes allí dentro supe que lo único que me quedaba era encomendarme al Señor, para que plasmase un milagro que nos salvara la vida a ambos, así que me puse a orar, pidiendo a Dios con todas mis fuerzas y una profunda fe que parase toda aquella locura.

A los diez minutos, tal y como el hombre me había dicho, abrió la puerta y me sacó de allí.

—¿Ya has tomado tu decisión?

—Sí. No pienso matar a esta chica, ya que no me lo podría personar nunca. Prefiero morir como una buena persona antes que vivir como un miserable.

—Bonitas palabras las tuyas antes de morir... Por cierto, ya que tenemos a la chica a punto de caramelo, la vamos a sacrificar nosotros y después ya nos encargaremos de ti.

—¿Cómo podéis hacer esto? ¿Acaso sois personas sin corazón ni humanidad? —grité enfadado.

—Sólo ofrendamos a nuestros demonios, quienes no dan todo aquello que nadie más puede otorgarnos.

—¡Te equivocas! Dios es el único que otorga buenas cosas, los demonios sólo generan maldad y sufrimiento.

—Sí. Sufrimiento como el que os va a tocar vivir a la puta y a ti —todos los presentes empezaron a reír.

Me agarraron entre dos personas y me pusieron de pie, en posición de que pudiera observar toda la escena de terror que estaba a punto de acontecer.

Uno de ellos se acercó a la mujer y con unas extrañas pinzas comenzó a arrancarle las uñas, una tras otra... Otro se acercó a ella y empezó a arrancarle los dientes, mientras que un tercero le cortó los pezones con unas tenazas. La sangre salpicaba altar y parte de la moqueta, la cual, por cierto, arrastraba manchas de otros sacrificios.

No pude contenerme y empecé a gritar y patalear mientras lloraba a mares. La rabia, la impotencia y el dolor me habían impregnado de tal manera que, una fuerza sobrehumana estalló desde mis adentros, pudiendo noquear a los hombres que me sujetaban. Luego me abalancé sobre los tipos que estaban torturando a la mujer, consiguiendo que parasen. Estaba completamente desatado y fuera de mí. Mi furor era de tal calibre que todos los presentes se quedaron inmóviles al verme así, y no supieron reaccionar... Aunque unos instantes después, uno de ellos me apuntó con una pistola y me pidió que me calmase. Sin dudarlo ni un instante me abalancé sobre él, pero el tipo reaccionó rápido y me disparó. Noté un fuerte impacto en el hombro, pero eso no me detuvo y lo agarré del cuello.

La pistola cayó al suelo y otro miembro de la secta la cogió. Este malnacido tuvo más puntería y me disparó en una pierna, por lo que caí al suelo. En ese momento todas mis fuerzas y energías se desvanecieron.

No dio tiempo a nada más, porque otro miembro de la secta, el cual vigilaba en los exteriores, dio aviso al grupo de que algo estaba ocurriendo. Al parecer, los disparos y el jaleo habían alertado a los vecinos, por lo que tuvieron que suspender el ritual. La chica estaba medio muerta, era muy difícil que sobreviviera. Y yo estaba herido, con un tiro en el hombro y otro en la pierna.

Nos metieron en el almacén, nos ataron y nos amordazaron. Dos de ellos salieron a la calle para calmar a los vecinos, mientras que el resto quitaba el altar y recogía la moqueta. Lo tenían bien pensado los cabrones, ya que apenas tardaron tres o cuatro minutos en desmontar el chiringuito. Así podían dejar entrar a la gente sin que éstos vieran nada extraño en el bar.

Pasamos allí más de una hora encerrados sin que nadie volviera a entrar, por lo que intuí que se habían marchado hasta que la cosa se calmara. Sabía que ese era el momento para intentar huir, pero no tenía ni idea de cómo hacerlo. Estaba atado y amordazado...

Supliqué a Dios que escuchara mis plegarias y que me sacara de allí, pero el tiempo pasaba y no encontraba la manera de desatarme.

Me levanté como pude y, dando saltitos de un lado a otro me puse a buscar algo me ayudara a quitarme las cuerdas que sujetaban mis pies y manos. A los pocos minutos me di cuenta de que una de las estanterías tenía un borde que sobresalía, por lo que me acerqué y comencé a rasgar la cuerda que sujetaba mis manos. Media hora más tarde logré desatarme.

Miré a la mujer pero estaba inconsciente —o muerta, no lo sé—así que decidí intentar salir yo solo y una vez fuera pedir auxilio.

Supongo que fue debido a todo el revuelo que se formó, pero aquellos tipos se habían olvidado de cerrar con llave la puerta del almacén. Salí de allí y busqué la forma de acceder a la calle, pero todo estaba cerrado, incluso las ventanas estaban selladas, por lo que me resultaba imposible romper un cristal y escapar.

Me puse a husmear en cajones y armarios, hasta que gracias a Dios encontré un manojo de llaves. ¡Quizá son las de la puerta!, exclamé.

Me acerqué al portón principal y probé las llaves, hasta que una de ellas entró en la cerradura. Acto seguido, conseguí abrir la puerta. No había nadie en la calle y el silencio impregnaba el lugar. Tenía que conseguir un teléfono para avisar a la Policía, así que eché a correr como pude para ver si localizaba a alguna persona, pero no encontré a nadie por la calle, por lo que decidí pedir auxilio llamando a una de las casas que hallé a mi paso.

Piqué varias veces preso de mi desesperación, pero nadie abrió la puerta. El pueblo parecía un lugar fantasma... Pero algo llamó mi atención en ese momento. En una de las ventanas de una casa que había enfrente pude ver a alguien que me observaba, así que me acerqué y llamé a la puerta gritando para que me ayudara... Un hombre me abrió y, agarrándome me metió para adentro a la vez que me decía que dejara de chillar.

Mi anfitrión me invitó a sentarme... En ese momento me di cuenta de algo asombroso y, por qué no decirlo, milagroso también, ya que había escapado del bar y había corrido por las calles sin ser consciente de que tenía dos balazos metidos en el cuerpo, uno de ellos en la pierna. ¿Cómo era posible que hubiera podido dar saltos en el almacén para desplazarme y, posteriormente correr por las calles? Sin duda, ¡era un milagro! Dios había escuchado mis súplicas.

Al sentarme y ser consciente de que mi cuerpo estaba perforado por dos balas, el dolor comenzó a apretarme de tal forma que casi me desmayo. Pero el dueño de la casa me ayudó a recuperarme dándome un poco de agua. Y una vez que había bebido, me preguntó por lo que había pasado, así que le conté toda la historia de forma muy resumida, para pedirle que por favor llamara a la Policía.

El hombre agarró su teléfono y dio parte de lo que estaba sucediendo. Me pidió que me calmara y me dijo que en breve llegarían los Mossos y dos ambulancias.

Mientras tanto habló conmigo sobre cosas extrañas que había visto en el bar.

—Desde hace años sé que en ese bar se cuecen cosas extrañas, pero nunca podría haber imaginado que de tal calibre. Pensé que sería algo de drogas o tráfico de armas.

—Pues ya ves que no —señalé.

—Una de las cosas más raras es que casi nunca tiene clientes y los horarios son muy raros, nunca sabes qué días ni a qué horas estará abierto.

—Ahora ya sabes por qué es —añadí.

—Creo que voy a vender la casa y marcharme de aquí, sobre todo ahora que te he ayudado y he avisado a la Policía. Sé que voy a estar en el punto de mira de esa gente y lo mejor es que me marche lejos. Total, acabo de jubilarme y puedo vivir en cualquier parte.

—¿Y tu familia qué te dirá?

—No tengo familia, vivo solo, así que nadie me echará en falta.

—Pues entonces haces bien en alejarte de esta gente todo lo que puedas —dije con la voz cansada.

—Bueno, no quiero hacerte hablar más que no estás en condiciones de hacerlo. Esperemos a la ambulancia.

Los minutos iban pasando y ni la Policía ni la ambulancia hacían acto de presencia, por lo que empecé a ponerme nervioso.

Unos segundos más tarde, alguien llamó a la puerta. ¡Al fin llegó la Policía!, exclamé. Pero me equivocaba. No eran precisamente los buenos quienes entraron por la puerta, sino varios tipos de la secta. Al verlos me pegué un cabezazo contra mesa, preso de la rabia y la impotencia.

Aquel amable lugareño había llamado a los malos en vez de a los buenos. Rápidamente supe que estaba compinchado con ellos. ¡Lo mío era mala suerte, joder! ¡Estaba viviendo una terrible pesadilla que se repetía una y otra vez!

Los hombres se acercaron hasta mi posición y comenzaron a golpearme con extrema dureza, hasta que segundos después perdí la conciencia.

Al despertar ya nada sería igual. La pesadilla no había hecho más que comenzar.

9

Sé que varios vecinos, alertados por los llamativos sucesos acaecidos en el bar, y con mi presencia, herido
por las calles, llamaron horas más tarde a la Policía, la
cual se personó en el pueblo y estuvo preguntando a
varias personas, incluido el propio hostelero.

Esta situación provocó que la secta dejara de actuar
durante un tiempo, en el cual prefirió no matarme,
pero sí que me mantuvieron retenido en otro lugar que
desconozco. Pasé varias semanas encerrado en una
especie de sótano, donde me propinaban palizas y me
maltrataban psicológicamente. A penas me dieron
agua y comida, por lo que perdí las fuerzas y la orien-
tación. Me resultaba muy difícil pensar con claridad.
Fue una tortura en toda regla, que duró bastante tiempo. Sin embargo, un día todo cambió.

Recuerdo que me empezaron a llevar mucha comida, agua y bebidas hidratantes. Incluso, me di cuenta de que habían curado mis heridas... Bueno, habían hecho un apaño, pero al menos se preocuparon de que no se infectaran.

Transcurridos seis o siete días, una vez que había recuperado la vitalidad, uno de ellos se sentó en una silla, justo en frente del camastro donde me obligaban a vivir, y me contó a qué se debía ese cambio de actitud. Al escucharlo supe eran unos auténticos hijos de puta. Jamás me había topado con personas tan diabólicas y con la mente tan retorcida.

—Desde hace días te cuidamos mejor, ¿no nos das las gracias? —el hombre soltó varias carcajadas.

—¿Hasta cuándo va a durar esto? —pregunté desolado.

—Tranquilo, hombre, ya falta poco. ¿Quieres saber por qué te estamos engordando como a los cerdos en estos últimos días?

—No lo sé —dije mirándolo desafiante a los ojos.

—A los cerdos antes de llevarlos al matadero hay que engordarlos, ¿no?

—¿Me estás diciendo que ahora sí que me vais a matar?

—Ha llegado tu hora, chaval. Vas a servir de pasto a los demonios.

—¿Si vais a terminar conmigo por qué me habéis dado de comer y beber hasta que me he recuperado?

—Porque con la mente clara y con buena vitalidad, sentirás de forma más intensa el momento de tu muerte y el sufrimiento en su estado más álgido.

—¡Sois unos putos psicópatas! ¡Estáis enfermos! Nunca imaginé que me toparía con tipos tan diabólicos y perversos como vosotros. Tenéis una mente sádica y retorcida.

—Así somos nosotros —el hijo de puta se meaba de la risa.

Al terminar de hablar conmigo, se marchó de allí y transcurridos unos minutos volvió con otra persona a la cual no había visto con anterioridad, y mientras él me apuntaba con un arma, me obligó a beber un líquido extraño, el cual amargaba mucho.

Esto es lo último que recuerdo. Supongo que me drogaron, porque al despertar me di cuenta de que ya no me encontraba en aquel sótano.

Apenas tenía fuerzas cuando abrí los ojos, seguía sedado y no era capaz de mover mis articulaciones. Miré hacia un lado y entonces me di cuenta de que estaba tumbado sobre la vía del tren… Segundos más tarde, comencé a escuchar un sonido muy peculiar que cada vez se oía más fuerte, hasta que llegó un momento en el que lo tenía prácticamente encima. Fue entonces cuando el tren rompió mi cabeza y me decapitó. Mi cuerpo quedó destrozado, perdiendo así la vida. ¡Había muerto! ¡Me habían asesinado!

Cuando fallecí, algo extraño sucedió... Como relatan muchas personas que han estado clínicamente muertas y que luego han regresado a la vida, pude ver mi cuerpo desde arriba. ¡Mi espíritu seguía vivo! En ese momento descubrí el mayor misterio que siempre había investigado: existe vida después de la muerte.

Segundos más tarde, un ser de luz se apareció ante mí para explicarme que había muerto, pero que la existencia espiritual es eterna. Paso a transcribir la conversación mental que mantuvimos.

—Has muerto... —dijo el ser de luz.

—Pero yo me noto vivo —contesté.

—Claro. Eso es porque lo que ha perdido la vida ha sido tu cuerpo físico. Para que lo entiendas te diré que el cuerpo es como un caparazón donde habita el espíritu y el alma.

—¿Entonces la muerte no es el final de la existencia?

—¡No! ¿Acaso cuando la vida de un coche finaliza y va a desguace, muere la persona que lo conducía?

—No —exclamé.

—Pues con el cuerpo físico pasa lo mismo. El espíritu es eterno, nunca perece.

—¿Entonces Dios existe?

—Por supuesto. Jesús —su Hijo Unigénito— estuvo en la Tierra para liberar a las personas de la muerte y otorgarle vida eterna a todo aquél que creen en Él.

—¿Y aquellos que no han creído en Jesús o en Dios han muerto espiritualmente?

—No. El espíritu nunca muere —volvió a recalcar el ser de luz.

—Pues no lo entiendo.

—Cuando Jesús hacía referencia a la vida eterna se refería a que no tener que reencarnar más. El ciclo de vida-muerte al que los espíritus se enfrentan en las reencarnaciones se debe al engaño del diablo. Todos los espíritus habitaban libremente en lo que conoces con el nombre de Paraíso, pero los demonios les engañaron y los manipularon haciéndoles creer que Dios los privaba de vivir experiencias maravillosas en un mundo físico, donde podían disfrutar del tacto, el gusto, los olores, el sonido… Un engaño que a día de hoy sigue latente. Sólo tienes que comprobar que vivir una vida como humano es algo terrible, pues naces condenado al sufrimiento, el dolor, los problemas, las injusticias, el miedo, el odio, el rencor… ¿Puede haber algo más traumático que saber que tus seres queridos morirán y tú seguirás vivo? ¿O que tú dejarás el mundo físico y tus hijos, sobrinos y nietos tendrán que seguir solos en ese terrible campo de batalla donde el sufrimiento es abismal?

—Pues no lo había visto de este modo. ¿Entonces los que creen en Jesús y en Dios no tendrán que reencarnar más? —volví a preguntar.

—Si no lo desean no. Hay quienes voluntariamente sí que quieren volver a reencarnar con el fin de ayudar al resto de espíritus que naufragan engañados dentro de un cuerpo físico.

—¿Y dónde van aquellos que no quieren volver a reencarnar?

—A un lugar donde sólo existe el amor.

—¿Y los que no creen en Jesús ni en Dios y siguen reencarnando nunca irán a ese lugar de amor que me cuentas? —pregunté muy interesado.

—Sí irán a ese lugar de amor, pero lo harán después de la reencarnación en la que hayan creído en Jesús y confiando en Dios. La existencia es eterna, por lo que hay espíritus que necesitan reencarnar millones de veces para darse cuenta de que estaban siendo engañados por Satanás, mientras que otros con pocas reencarnaciones lo descubren.

—¿Y cómo puedo ayudar a los espíritus encarnados para que descubran el engaño al que están siendo sometidos por parte del maligno?

—Sólo hay una manera, y esa es predicando con el ejemplo. Si llevas una vida correcta y te comportas adecuadamente con los demás, te convertirás en un ejemplo a seguir para ellos. Entonces podrás decirles que vives una vida inspirada en las enseñanzas de Jesús.

—¿Entonces podría reencarnarme en un sacerdote o un pastor?

—No me has entendido. No te hablo de religiones, pues todas son un engaño del diablo. Te hablo de actos, de comportarse correctamente y amar a los demás como a uno mismo. Sólo el ejemplo de amor puede abrir la mente de los espíritus que permanecen encarcelados en cuerpos físicos.

Nunca había tenido nada tan claro, así que le pedí al ser de luz que quería volver a reencarnar de nuevo para ayudar a los demás. Eso sí, me dijo que no recordaría nada de mi vida anterior ni de aquella conversación, por lo que debía seguir mi instinto y dejarme guiar por el Espíritu de Dios, quien me guiaría en la nueva vida.

Ahora tengo que marcharme, es el momento de partir a la antesala de la reencarnación, donde me otorgarán un cuerpo, una familia y lugar donde volver a nacer.

***

Porque tanto amó Dios al mundo, que dio a su Hijo unigénito, para que todo el que cree en él no se pierda, sino que tenga vida eterna.

Juan 3:16 | **NVI** |

NOTA FINAL

Si le ha gustado el libro y quiere ayudar al autor para que pueda publicar otros títulos, recomiende esta obra en redes sociales y entre sus amigos y conocidos. Miguel Ángel Segura le estará muy agradecido.

Para dejar un mensaje de apoyo al autor, puede enviar un e-mail a: info@miguelangelsegura.com

¡Muchas gracias por su amabilidad!

LIBROS RECOMENDADOS

www.miguelangelsegura.com

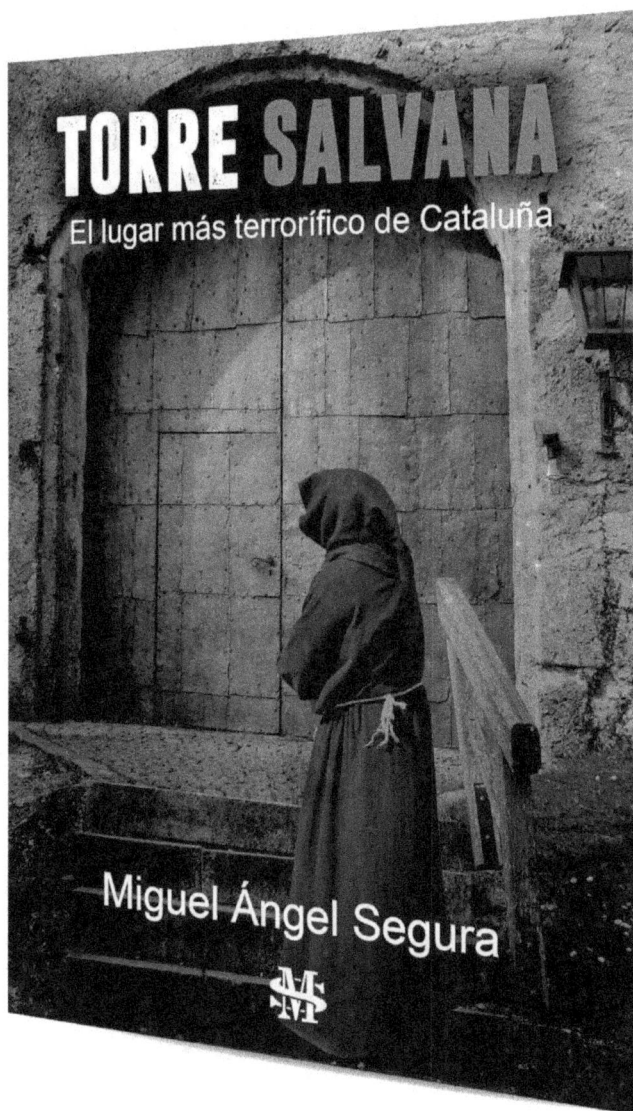

LOS MISTERIOS DEL
LLAC PETIT

Miguel Ángel Segura

La leyenda negra...

MIGUEL ÁNGEL SEGURA

OUIJA

¿Quieres saberlo todo sobre la Ouija?

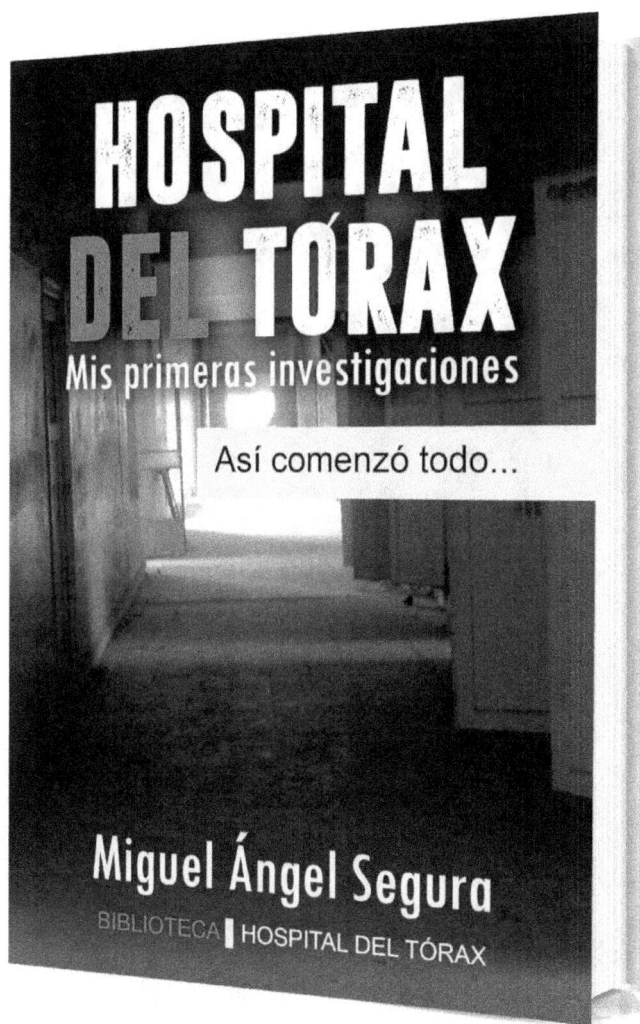

HOSPITAL DEL TÓRAX
Mis primeras investigaciones

Así comenzó todo...

Miguel Ángel Segura

BIBLIOTECA | HOSPITAL DEL TÓRAX

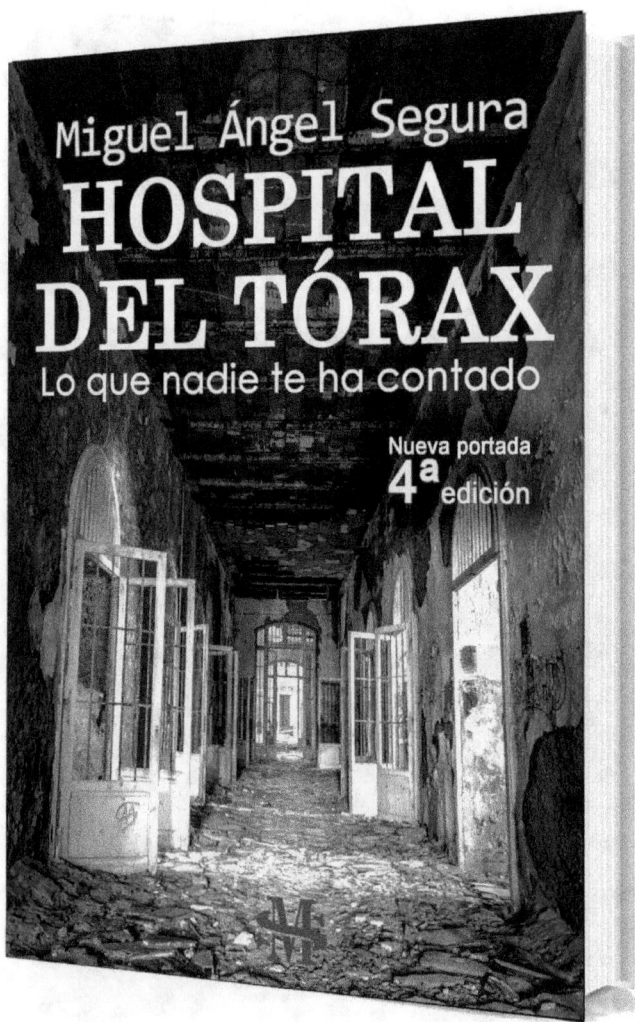

Miguel Ángel Segura

HOSPITAL DEL TÓRAX

Lo que nadie te ha contado

Nueva portada
4ª edición

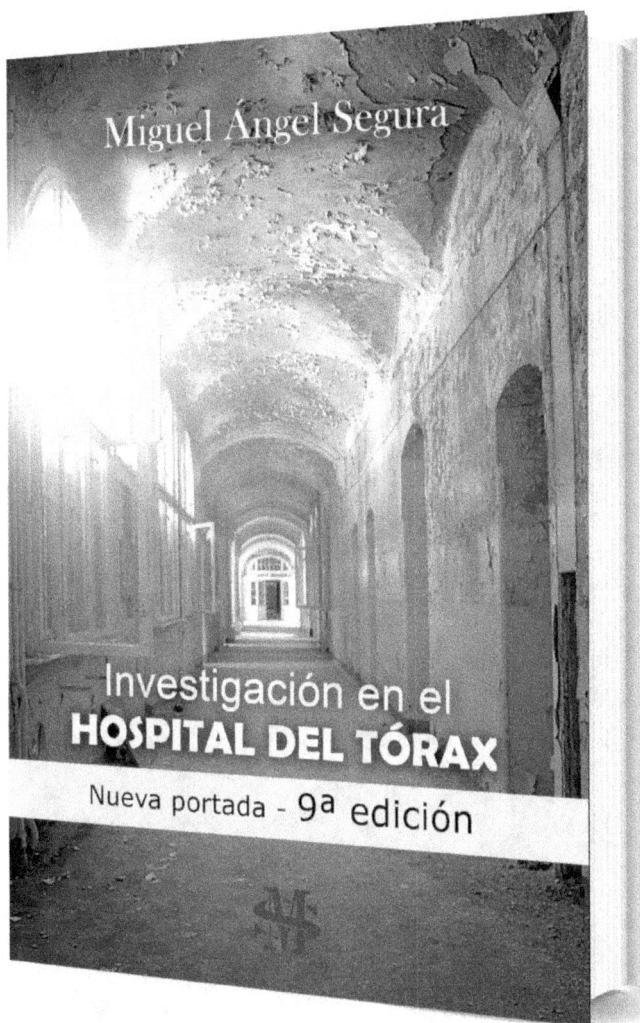

Miguel Ángel Segura

Investigación en el
HOSPITAL DEL TÓRAX

Nueva portada - 9ª edición

LOS **MISTERIOS** DEL
VALLES OCCIDENTAL

Investigación paranormal en lugares
insólitos de nuestra comarca

2ª edición
Nueva portada

Miguel Ángel Segura

MIGUEL Á. SEGURA

Colección Tras El Misterio

LA BARCELONA EXTRAÑA

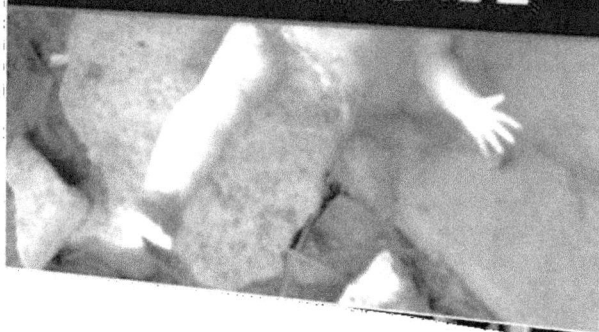

ÍNDICE

DEDICATORIA 7

AGRADECIMIENTOS...9

NOTA DEL AUTOR 11

BREVE INTRODUCCIÓN..13

PARTE1 - INVESTIGACIÓN
LOS SUICIDAS DE TERRASSA 17

PARTE 2 - NOVELA
1...45

2...53

3...69

4...75

5...93

6...107

7...129

8...145

9...161

NOTA FINAL...169

LIBROS RECOMENDADOS....................................171

www.ingramcontent.com/pod-product-compliance
Lightning Source LLC
LaVergne TN
LVHW051632080426
835511LV00016B/2310